漢字の ふくしゅう 1

漢字の ひろば

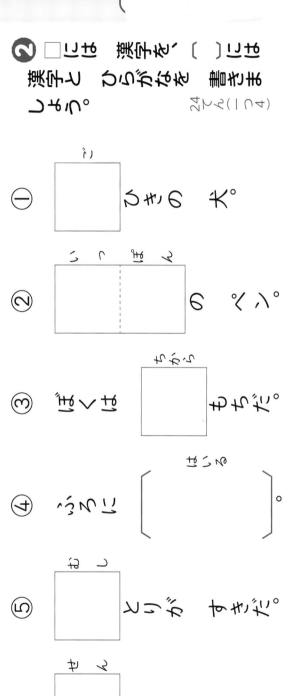

新しく つかう、二年の 教科書で ふくしゅうする 漢字 です。

1 漢字の 読みがなを 書きましょう。
24てん（一つ3）

① 月（　　）ようの あさ。

② 学校（　　）に いく。

③ 先生（　　）の ことば。

④ 八（　　）人の 子どもたち。

⑤ 百円玉（　　）で かう。

⑥ ゆっくり 休（　　）む。

⑦ 出口（　　）を さがす。

⑧ 糸（　　）を つむぐ。

2 □には 漢字を、〔 〕には 漢字と ひらがなを 書きましょう。
24てん（一つ4）

① □（ご）ひきの 犬。

② □□（いっぽん）の ペン。

③ ぼくは □（ちから）もちだ。

④ ふろに 〔　　〕（はいる）。

⑤ □（むし）とりが すきだ。

⑥ □（せん）円さつ

きょうかしょ 上 40・102ページ

↓つぎの ページに つづくよ！

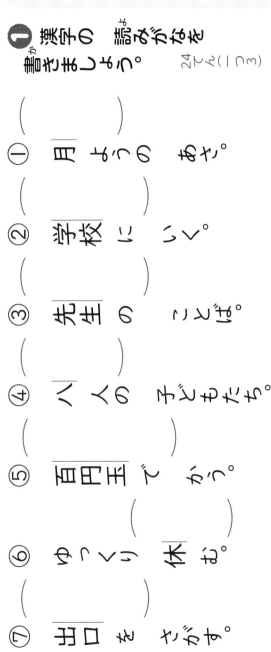

3 漢字の読みがなを書きましょう。　24てん（一つ3）

① 王様（さま）に あう。（　）
② まつりの 花火。（　）
③ 森を あるく。（　）
④ いすの 右に 立つ。（　）
⑤ 男の子（の）が はしる。（　）
⑥ チョウを 見つける。（　）
⑦ きれいな 夕日。（　）
⑧ 音が きこえる。（　）

4 □には 漢字を、〔　〕には 漢字と ひらがなを 書きましょう。　28てん（一つ4）

① 〔おおきい〕 いえ。
② □（くるま）に のる。
③ □（あめ）が ふる。
④ 〔ちいさい〕 ねこ。
⑤ □（おんな）の子が なく。
⑥ かおが 〔あかい〕。
⑦ □（くさ）が 生える。

きほんのドリル 2。

つづけて みよう ——日記 (1)

じかん 15ふん　ごうかく80てん　/100

サクッとこたえあわせ　こたえ101ページ

月　日

書いて おぼえよう！

教10ページ

書　ショ　かく（つき出す）
10画
書名（しょめい）　字（じ）を 書（か）く
書（ひらび・いわく）

教10ページ

記　キ　しるす（はねる）
10画
日記（にっき）　ノートに 記（しる）す
記（ごんべん）

教10ページ

活　カツ（左下へはらう）
9画
生活（せいかつ）　活用（かつよう）　活力（かつりょく）
活（さんずい）

教10ページ

曜　ヨウ（わすれない）
18画
曜日（ようび）
曜（ひへん）

1 読（よ）みがなを 書きましょう。 30てん（一つ5）

① ひらがなを 書く。（　　）

② 書写（しゃ）の 時間（じかん）。（　　）

③ 日記を つける。（　　）

④ 日づけを 記す。（　　）

⑤ 毎（まい）日の 生活。（　　）

⑥ 金曜日に なる。（　　）

うらの ページに つづくよ！

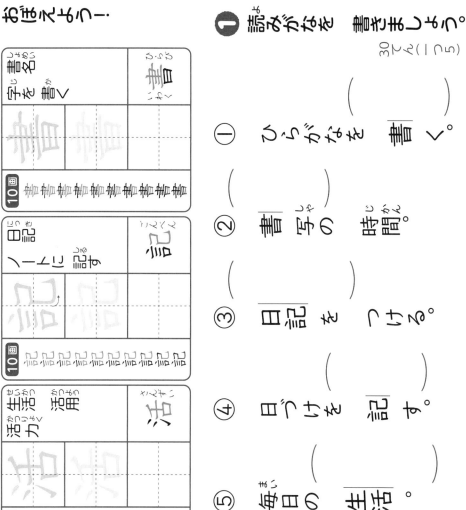

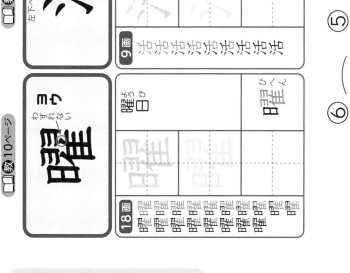

2 あてはまる 漢字(かん)を かきましょう。

70てん(一つ10)

① さがして いた 本の [しょめい] が わかる。

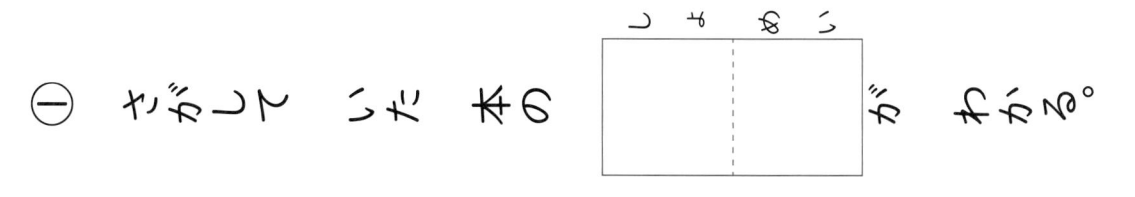

② 文字を きれいに [か] く。

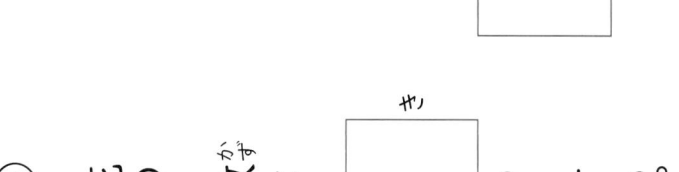

③ 花の 数(かず)を [き] ろくする。

④ じゅうしょを [しる] す。

⑤ [かつ] やくの 場(ば)を 広(ひろ)げる。

⑥ [せいかつ] の 中で やく立つ。

⑦ [にちようび] に 出かける。

ヒント 2 ①②⑦「書」の「日(ひらび・いわく)」と「曜」の「日(ひへん)」のちがいに気をつけましょう。

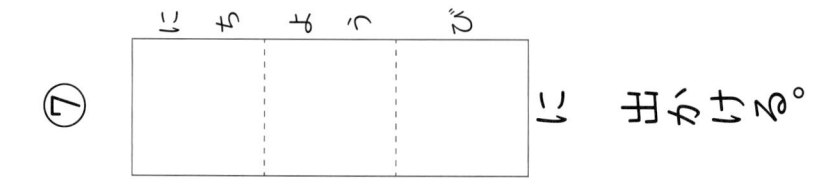

きほんのドリル 3。

つづけて みよう――日記 (2) / はるねこ (1)

じかん 15ふん　ごうかく80てん　/100

こたえ 101ページ

月　日

書いて おぼえよう！

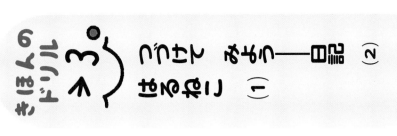

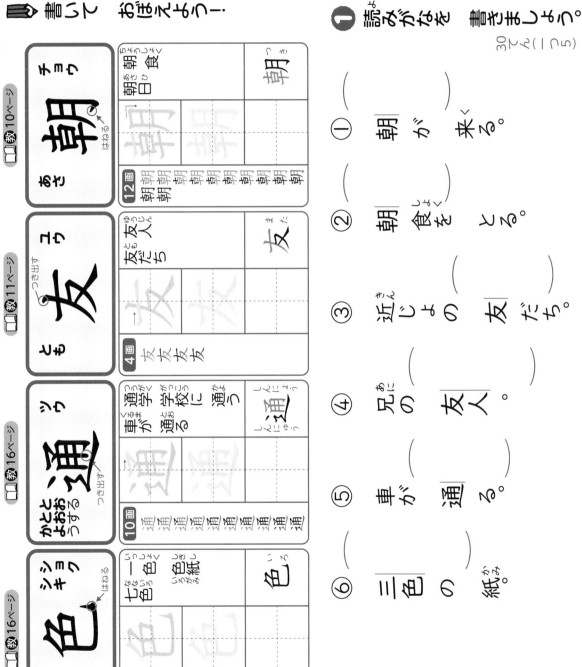

教 10ページ
朝　チョウ／あさ　（はねる）
12画　朝朝朝朝朝朝朝朝朝朝朝朝
朝食（ちょうしょく）　朝日（あさひ）　朝（つき）

教 11ページ
友　ユウ／とも　（つき出す）
4画　友友友友
友人（ゆうじん）　友だち（ともだち）　友（また）

教 16ページ
通　ツウ／とおる・とおす・かよう　（つき出す）
10画　通通通通通通通通通通
通学（つうがく）　学校（がっこう）に 通（かよ）う　車（くるま）が 通（とお）る　通（しんにょう／しんにゅう）

教 16ページ
色　ショク・シキ／いろ　（はねる）
6画　色色色色色色
一色（いっしょく）　色紙（しきし）　七色（なないろ）　色紙（いろがみ）　色（いろ）

1 読（よ）みがなを 書きましょう。 30てん（一つ5）

① 朝（　）が 来（く）る。

② 朝（　）食（しょく）（　）を とる。

③ 近（きん）じょの（　） 友（　）だち。

④ 兄（あに）の（　） 友人（　）。

⑤ 車が（　） 通（　）る。

⑥ 三色（　）の（　） 紙（かみ）。

❷ あてはまる 漢字を 書きましょう。

70てん（一つ10）

① □□（そうちょう） に 公園を さんぽする。

② □（あさ） ごはんの したくを する。

③ □（とも） と おそくまで 語り合う。

④ 親□（しんゆう） と よべる 間がら。

⑤ □□（つうがく） 路を にいさんと 歩く。

⑥ 小学校へ □（かよ） う 道。

⑦ □□（なないろ） の にじを 見上げる。

ヒント
❷ ⑤⑥「辶」の形に気をつけて書きましょう。

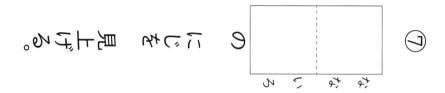

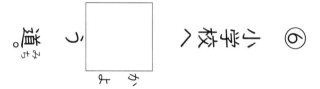

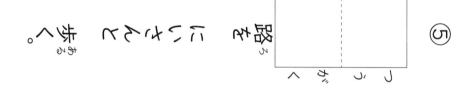

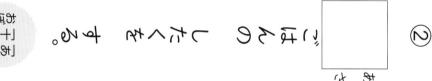

きほんのドリル 4。

はるねこ (2)

じかん 15ふん　ごうかく80てん　/100

こたえ101ページ　サクッとこたえあわせ

月　日

書いて　おぼえよう！

教17ページ
思　シ　おもう（はねる）
9画　思思思思思思思思思
思考（しこう）　思う（おもう）こと
思（こころ）

教17ページ
今　コン　いま（はらう）
4画　今今今今
今週（こんしゅう）　今（いま）ごろ
今（ひとやね）

教18ページ
声　セイ　こえ（はらう）
7画　声声声声声声声
音声（おんせい）　声（こえ）を　出（だ）す
声（さむらい）

教19ページ
何　なに　なん（はねる）
7画　何何何何何何何
何（なに）も　ない　何人（なんにん）　何者（なにもの）
何（にんべん）

1 読（よ）みがなを　書きましょう。
30てん（一つ5）

① うれしく　思（　）う。

② 思（　）あんする

③ 今（　）すぐ　帰（かえ）る。

④ 大きな　声（　）。

⑤ 発（はっ）声（　）が　よい。

⑥ 何日（　）も　かかる。

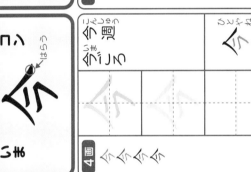

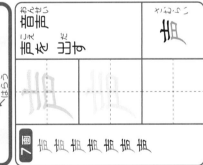

❷ あてはまる 漢字(かん)を 書きましょう。

70てん(一つ10)

① さまざまに □(し) 考(こう)を めぐらす。

② 友だちとの □(おも) い出を ふりかえる。

③ □□(こんげつ) の よていを かくにんする。

④ □(いま) から 学校に 行(い)く。

⑤ 元気(げん)な 歌(うた) □(ごえ) を ひびかせる。

⑥ □□(おんせい) が 聞(き)きとれない。

⑦ □(なに) もかもが ゆめのようだ。

せんげつ、
こんげつ、
らいげつ。
セットで おぼえよう。

ヒント ❷ ①② 気持(も)ちにかんけいするので「心(こころ)」がつきます。

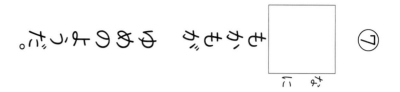

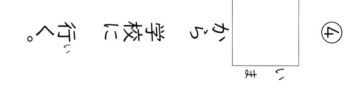

きほんのドリル 5。

はるねこ(3) ひろい 公園(1)

じかん 15ふん　ごうかく80てん　／100

こたえ101ページ　サクッとこたえあわせ

月　日

書いて おぼえよう！

教19ページ
言　ゲン ゴン　いう こと　（とめる）
7画　言言言言言言言
言語（げんご）　でん言（ごん）　母（はは）に 言（い）う　ひと言（こと）
言（げん）

教26ページ
読　ドク トク トウ　よむ　（はねる）
14画　読読読読読読読読読読読読読読
読書（どくしょ）　読本（とくほん）　読点（とうてん）　本（ほん）を 読（よ）む
読（ごんべん）

教32ページ
公　コウ　（あける）
4画　公公公公
公開（こうかい）　公正（こうせい）
公（はち）

教32ページ
園　エン　（とめる）
13画　園園園園園園園園園園園園園
公園（こうえん）　園長（えんちょう）
園（くにがまえ）

——の 読みは、この ページでは ならいません。

1 読みがなを 書きましょう。 30てん（一つ5）

① 名前（まえ）を 言う。（　）
② 大声で 発（はっ）言する。（　）
③ 新聞（しんぶん）を 読む。（　）
④ 読書を する。（　）
⑤ 公園で あそぶ。（　）
⑥ 公正な とりひき。（　）

うらの ページに つづくよ！

❷ あてはまる　漢字を　書きましょう。

70てん（一つ10）

① でん□（ごん）を　父に　つたえる。

② 図書館で　□□（めいげん）集を　かりる。

③ 文に　□（とう）点を　つける。

④ 学校で　□（よ）み書きを　学ぶ。

⑤ 国語の　教科書を　□□（おんどく）する。

⑥ □□（こうえん）の　すな場で　あそぶ。

⑦ 動物□（えん）で　キリンを　見る。

「とうてん」は、文の中の「、」の　ことだよ。

ヒント ❷ ③④⑤ことばにかんけいのある漢字には「言（ごんべん）」がつきます。
⑥⑦「園」の書きじゅんに気をつけましょう。

きほんのドリル 6。

ひろい 公園 (2)

じかん15ふん　ごうかく80てん　/100

こたえ101ページ　サクッとこたえあわせ

月　日

書いて おぼえよう！

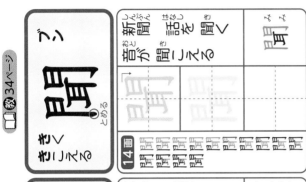

教34ページ
聞　ブン　きく　きこえる（とめる）
新聞（しんぶん）　話（はなし）を　聞（き）く　音（おと）が　聞（き）こえる
14画　聞聞聞聞聞聞聞聞聞聞聞聞聞聞
聞（みみ）

教34ページ
話　ワ　はなす　はなし（左下へはらう）
会話（かいわ）　お話（はなし）　考（かんが）えを　話（はな）す
13画　話話話話話話話話話話話話話
話（ごんべん）

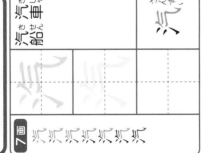

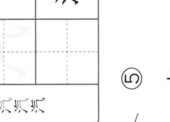

教34ページ
汽　キ（はねる）
汽車（きしゃ）　汽船（きせん）
7画　汽汽汽汽汽汽汽
汽（さんずい）

「汽」の　右がわを　「気」に　しないように　ちゅういしよう。

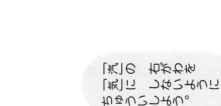

1 読みがなを 書きましょう。
30てん（一つ5）

① しっかりと 聞（　）く。
② 新（しん）聞（　）が とどく。
③ 三人で 話（　）しあう。
④ 通話（　）を する。
⑤ 大切（せつ）な 話（　）。
⑥ 汽車（　）に のる。

← うらの ページに つづくよ！

教科書 上34ページ

❷ あてはまる 漢字(かん)を 書きましょう。

70てん(一つ10)

① どこかで 音が □(き) こえる。

② 新(しん)□(ぶん) の はいたつを する。

③ すぐに 電(でん)□(わ) に 出る。

④ きのうの できごとを □(はな) す。

⑤ ゆかいな □(はなし) を きく。

⑥ □□(きしゃ) に のって たびを する。

⑦ 海(うみ)から □(き) 笛(てき)が きこえる。

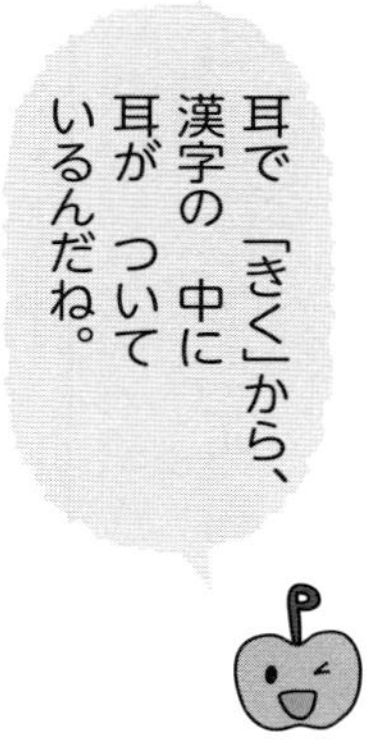

ヒント ❷ ③〜④「干」のぶぶんを「千」としないようにしましょう。

きほんのドリル 7

ひろい 公園（こうえん） (3)
回文（かいぶん）を たのしもう

書いて おぼえよう！

📖教 34ページ

星　セイ　ほし　（つき出す）

火星（かせい）　星（ほし）が 光（ひか）る

星（ひ）

9画　星星星星星星星星星

📖教 36ページ

同　ドウ　おなじ　（はねる）

同時（どうじ）　同一（どういつ）　同（おな）じ 色（いろ）　同（おな）い年（どし）

同（くち）

6画　同同同同同同

📖教 37ページ

回　カイ　まわる　まわす　（出ない）

一回（いっかい）　目（め）が 回（まわ）る

回（くにがまえ）

6画　回回回回回回

「同」は、「口」の 上の 「一」を わすれないでね。

1 読みがなを 書きましょう。　30てん（一つ5）

① 星（　　）が かがやく。

② 木星（　　）が 見える。

③ 同（　　）じ 名前（まえ）の 人。

④ 同（　　）時（じ）に ふりむく。

⑤ せかいを とび 回（　　）る。

⑥ 回（　　）数（すう）を 数（かぞ）える。

← うらの ページに つづくよ！

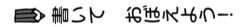

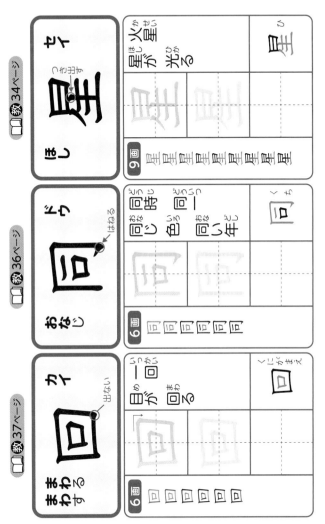

❷ あてはまる 漢字(かん)を 書きましょう。

70てん（一つ10）

① ながれ［ぼし］を ゆびさす。

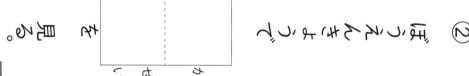

② ぼうえんきょうで［かせい］を 見る。

③ ついに［どう］点(てん)に おいつかれる。

④ テストで［おな］じ 点数(すう)を とる。

⑤ ［よんかい］分(ぶん)の チケットを もらう。

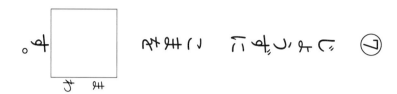

⑥ 目が［まわ］るほど いそがしい。

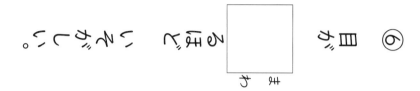

⑦ じょうずに こまを［まわ］す。

ヒント ❷ ①②「星」は、「日」から「生」まれるとおぼえましょう。

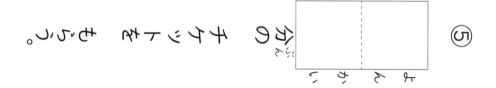

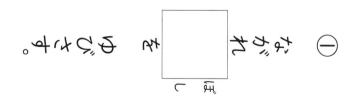

きほんのドリル 8。

画と 書きじゅん (1)

じかん 15ふん ごうかく80てん /100

こたえ101ページ

サクッとこたえあわせ

月 日

書いて おぼえよう！

教 38ページ

画

ガ カク

出ない

8画 画画画画画画画画

画家(がか) 絵画(かいが) 計画(けいかく)

画(た)

教 38ページ

会

カイ あう

はらう

6画 会会会会会会

朝(あさ)の 会(かい) 人(ひと)に 会(あ)う

会(ひとやね)

教 38ページ

線

セン

はねる

15画 線線線線線線線線線線線線線線線

線(せん)を 引(ひ)く 直線(ちょくせん)

線(いとへん)

教 38ページ

数

スウ かず かぞえる

はらう

13画 数数数数数数数数数数数数数

数字(すうじ) 数(かず)を 数(かぞ)える

数(のぶん ぼくづくり)

1 読みがなを 書きましょう。 30てん(一つ5)

① 漢字の 画数。( )( )

② 大きな 画 用紙(ようし)。( )

③ 音楽(がく) 会 に 行(い)く。( )

④ 友だちに 会 う。( )

⑤ 線 を つなぐ。( )

⑥ 数 を たずねる。( )

← うらの ページに つづくよ！

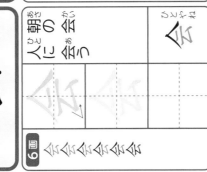

教科書 上38ページ

❷ あてはまる 漢字（かんじ）を 書きましょう。

70てん（一つ10）

① ［かくすう］の 多（おお）い 漢字。

② ［が］用紙（ようし）に 花の 絵（え）を かく。

③ ［かい］場（じょう）に とうちゃくする。

④ 古（ふる）い 友だちに ［あ］う。

⑤ 地（じ）めんに ［はくせん］を 引（ひ）く。

⑥ 父（ちち）は ［すうがく］の 先生だ。

⑦ ゆびを つかって ［かぞ］える。

ヒント ❷ ①②「画」の「凵」の中を「由」としないように気をつけましょう。

きほんのドリル 9。

画と 書きじゅん (2)

じかん 15ふん
ごうかく80点 ／100
こたえ101ページ
サクッと こたえあわせ
月　日

書いて おぼえよう！

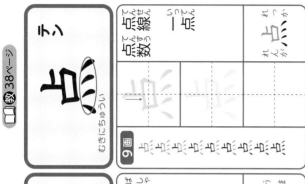

教38ページ
点（テン）　むきにちゅうい
9画　点点点点点点点点点
点線（てんせん）　点数（てんすう）　一点（いってん）
点（れっか・れんが）

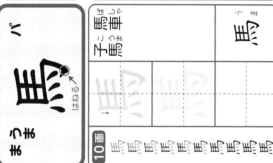

教38ページ
馬（バ／うま・ま）　はねる
10画　馬馬馬馬馬馬馬馬馬馬
馬車（ばしゃ）　子馬（こうま）
馬（うま）

教39ページ
方（ホウ／かた）　はねる
4画　方方方方
方角（ほうがく）　作り方（つくりかた）
方（ほう）

教39ページ
工（コウ・ク）　出さない
3画　工工工
図工（ずこう）　大工（だいく）
工（え・たくみ）

1 読みがなを 書きましょう。 30点（一つ6）

① 点を つける。
② 馬に のる。
③ 書き方を 学ぶ。
④ 上の方を むく。
⑤ 工作の 時間。

うらの ページに つづくよ！

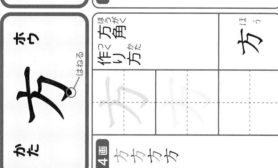

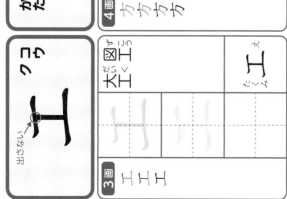

❷ あてはまる 漢字(かん)を 書きましょう。

70てん(一つ10)

① テストの ［てんすう］が 気に なる。

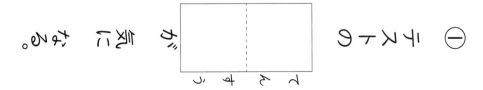

② かぼちゃの ［ばしゃ］。

③ 白い ［うま］に のる。

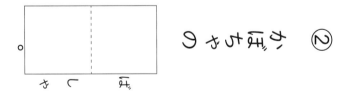

④ 漢字の 読み［かた］を しらべる。

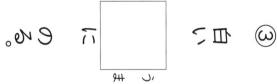

⑤ ［いっぽうつう］行(こう)の 道(みち)。

⑥ うでの いい ［だいく］さん。

⑦ ［こう］場(じょう)を 見学する。

漢字を 書く ときは、点の むきや 線の 長(なが)さを 正かくに 書こう。

ヒント ❷ ②③「馬」の点のむきに気をつけましょう。

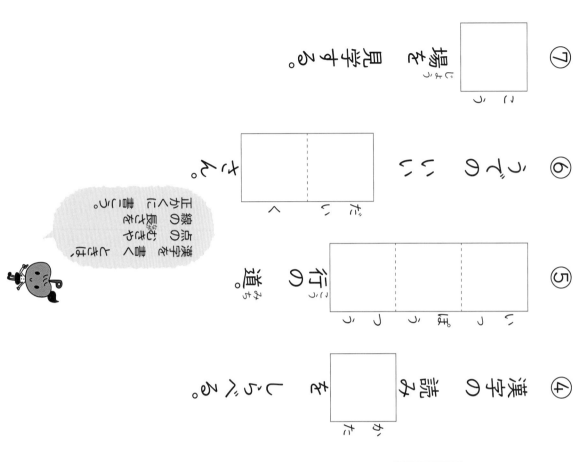

きほんのドリル 10

画と 書きじゅん (3)
すみれと あり (1)

じかん 15ふん
ごうかく80点
/100
こたえ101ページ
サクッとこたえあわせ
月 日

書いて おぼえよう!

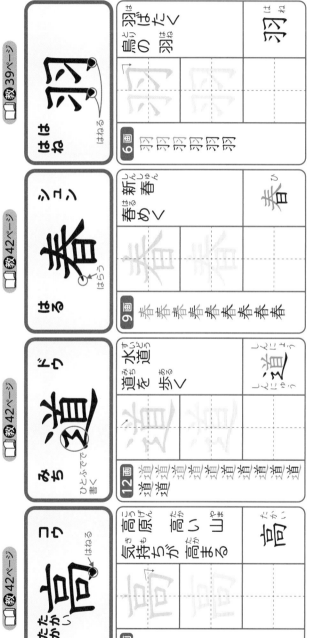

教 39ページ
羽 はね　は
はねる
6画　羽羽羽羽羽羽
羽ばたく　鳥の 羽
羽（はね）

教 42ページ
春 シュン　はる
はらう
9画　春春春春春春春春春
新春　春めく
春（ひ）

教 42ページ
道 ドウ　みち
ひとふでで書く
12画　道道道道道道道道道道道道
水道　道を 歩く
道（しんにょう・しんにゅう）

教 42ページ
高 コウ　たかい　たかまる　たかめる　たか
はねる
10画　高高高高高高高高高高
高原　高い 山　気持ちが 高まる
高（たかい）

1 読みがなを 書きましょう。
30点(一つ5)

①（　　）羽を 広げる。
②（　　）春の おとずれ。
③（　　）青春の 思い出。
④（　　）道ばたの 花。
⑤（　　）水道の 工事。
⑥ せが（　　）高い。

← うらの ページに つづくよ!

❷ あてはまる 漢字(かん)を 書きましょう。

70点（一つ10）

①あたたかい □(はね) ぶとん。

②白い 鳥(とり)が □(は) ばたく。

③二月の □□(りっしゅん) の 日。

④□(はる) の おとずれ。

⑤国(こく) □(どう) の 工事(じ)を する。

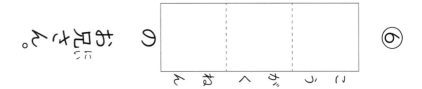

⑥□□□(こうがくねん) の お兄(にい)さん。

⑦ますます きたいが □(たか) まる。

ヒント ❷ ⑤「辶」はおもに、「みち」にかんけいのある漢字につきます。

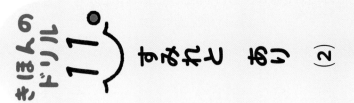

きほんのドリル 11。 すみれと あり (2)

じかん 15分
ごうかく80点 ／100
サクッとこたえあわせ
こたえ101ページ
月　日

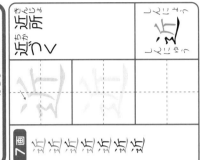

書いて おぼえよう！

教43ページ
近 キン ちかい（はらう）
7画 近近近近近近近
近所（きんじょ）　近づく（ちかづく）
近（しんにょう・しんにゅう）

教43ページ
地 ジ チ（はねる）
6画 地地地地地地
土地（とち）　地面（じめん）　地下（ちか）
地（つちへん）

教44ページ
自 シ ジ みずから（はらう）
6画 自自自自自自
自分（じぶん）　自ら（みずから）　自然（しぜん）　学ぶ（まなぶ）
自（みずから）

教44ページ
分 ブン フン ブ わける わかれる わかる わかつ（はらう）
4画 分分分分
半分（はんぶん）　色を（いろを）　二分間（にふんかん）　分ける（わける）
分（かたな）

1 読みがなを 書きましょう。 30点（一つ5）

① 近くに 見える。（　）
② 地面（めん）に おちる。（　）
③ 広（ひろ）い 土地。（　）
④ 自分で おきる。（　）
⑤ 五分で できる。（　）
⑥ ケーキを 分ける。（　）

→うらの ページに つづくよ！

❷ あてはまる　漢字（かん）を　書きましょう。

70点（一つ10）

① □（きん）所（じょ）に　すむ　男の子。

② 家（いえ）から　学校まで　□（ちか）い。

③ □□（だいち）に　ねを　下ろす。

④ □（し）ぜんに　えみが　こぼれる。

⑤ □（みずか）ら　手本と　なる。

⑥ しょうぶは　□□□□（ごぶごぶ）だ。

⑦ よく　□（わ）かる　せつめい。

ヒント ❷
①②「辶」は、三画で書きます。
⑤「自ら」はおくりがなを「自から」としないようにしましょう。

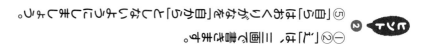

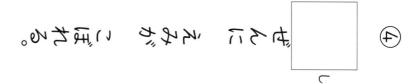

きほんのドリル 12。

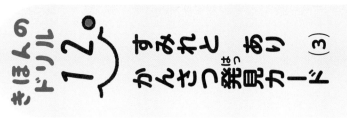

すみれと あり かんさつ発見カード (3)

じかん15分　ごうかく80点　/100

こたえ102ページ

サクッとこたえあわせ

月　日

書いて おぼえよう！

教45ページ

外 ガイ　そと　ほか　はずす　はずれる

とめる

5画　外外外外外

外国（がいこく）　外がわ（そとがわ）　ふみ外す（ふみはずす）

外（ゆうべ・た）

教50ページ

形 ケイ　ギョウ　かた　かたち

出さない

7画　形形形形形形形

図形（ずけい）　人形（にんぎょう）　形見（かたみ）　花の形（はなのかたち）

彡（さんづくり）

教51ページ

黄 オウ　き

上につき出る

11画　黄黄黄黄黄黄黄黄黄黄黄

黄金（おうごん）　黄色（きいろ）

黄（き）

——の 読みは、この ページでは ならいません。

「黄」の「由」を、「田」に しないようにね。

❶ 読みがなを 書きましょう。

30点（一つ5）

① 外に 目を むける。

② 外見を 気に する。

③ 形が かわる。

④ かわいい 人形。

⑤ 黄色の ぼうし。

⑥ 黄金の 王かん。

← うらの ページに つづくよ！

教科書 上45〜51ページ

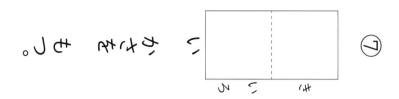

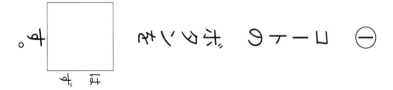

❷ あてはまる 漢字(かん)を 書きましょう。

70点（一つ10）

① コートの ［はず］す。

② あすは ［がいしゅつ］する よていだ。

③ 思いの ［ほか］遠(とお)かった。

④ 紙(かみ)に 四角(かく)［けい］を かく。

⑤ おじいちゃんの ［かたみ］の とけい。

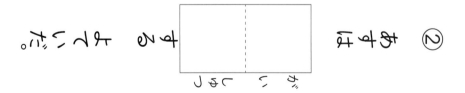

⑥ ［おうどいろ］の クレヨンで かく。

⑦ ［きいろ］い かさを もつ。

いろいろな 読み方を する 漢字に ちゅういしよう。

ヒント ❷ ④⑤「形」は、右がわの線のむきに気をつけましょう。

まとめのドリル 13。
つづけて みよう ――日記～ かんさつ発見カード

じかん 20分
ごうかく80点 ／100
サクッと こたえあわせ
答え 102ページ
月　日

1 漢字の 読みがなを 書きましょう。　50点（一つ5）

①（　）（　）日曜日の 朝に つりに 行く。

②（　）高い ところから 町を 見下ろす。

③（　）春に なると、あたたかく なる。

④（　）クレヨンで ひまわりを 黄色に ぬる。

⑤（　）公園で みんなと あそぶ。

⑥（　）できる ことは 自分で する。

⑦（　）会話を 文に まとめる。

⑧（　）（　）あさは、この 道を 通る。

教科書 上10～51ページ

← うらの ページに つづくよ！

2 あてはまる 漢字(かん)を 書きましょう。〔 〕には 漢字と ひらがなを 書きましょう。

50点(一つ5)

① せみの [こえ] が 木の 上から 〔きこえる〕。

② [なんかい] も れんしゅうを かさねる。

③ ここから えきまでは 〔ちかい〕。

④ きれいな [ほしぞら] を 見上げる。

⑤ きゅうしょくの 前(まえ)の [どくしょ] の 時間(じかん)。

⑥ テストで よい [てんすう] を とる。

⑦ 〔おなじ〕 [ちほう] で そだった 友だち。

⑧ 〔おもった〕 ことを そのまま 口に する。

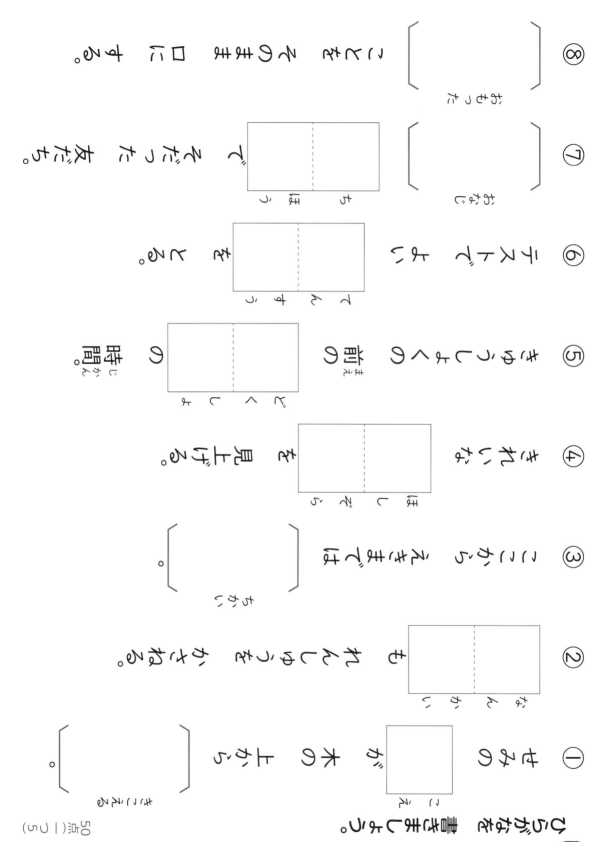

きほんのドリル 14。

かたかなで 書く 言葉（ことば）
本で しらべよう

じかん 15分　ごうかく 80点　／100

こたえ 102ページ　サクッとこたえあわせ

月　日

書いて おぼえよう！

教 56ページ
国　コク　くに　（わすれない）
8画　国国国国国国国国
国語（こくご）　外国（がいこく）　北国（きたぐに）
国（くにがまえ）

教 56ページ
前　ゼン　まえ　（はねる）
9画　前前前前前前前前前
前後（ぜんご）　前向き（まえむき）
前（りっとう）

教 57ページ
絵　カイ　エ　（とめる）
12画　絵絵絵絵絵絵絵絵絵絵絵絵
絵画（かいが）　絵を 見る（えをみる）
絵（いとへん）

教 58ページ
図　ズ　ト　（とめる）
7画　図図図図図図図
図を 見る（ずをみる）　図書室（としょしつ）
図（くにがまえ）

――の 読みは、この ページでは ならいません。

1 読みがなを 書きましょう。 30点（一つ5）

① 外国（　　）で 生まれる。

② すきな 国（　　）。

③ 名前（　　）を たずねる。

④ 前方（　　）に すすむ。

⑤ 絵（　　）を ながめる。

⑥ 図書（　　）館（かん）の 本。

教科書 上 56～58ページ

← うらの ページに つづくよ！

❷ あてはまる 漢字(かん)を 書きましょう。

70点(一つ10)

① [　](こく)語(ご)の 勉強(べんきょう)を する。

② [　](くに)の なりたちを しらべる。

③ [　|　](ひとまえ)で 話すと きんちょうする。

④ [　|　](ぜんじつ)の 天気を 記ろくする。

⑤ 赤と 白の [　](え)の具(ぐ)。

⑥ [　|　](ちず)を 見ながら 歩(ある)く。

⑦ すいせん [　|　](としょ)を 読む。

ヒント ❷ ⑥⑦「図」の中は、先に「ツ」を書くとおぼえましょう。

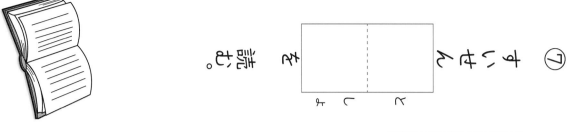

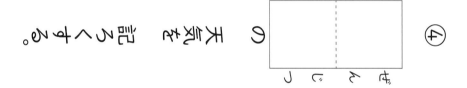

きほんのドリル 15

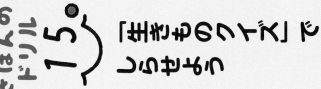

「生きものクイズ」で しらせよう

じかん15分　ごうかく80点　/100

答え102ページ　サクッとこたえあわせ

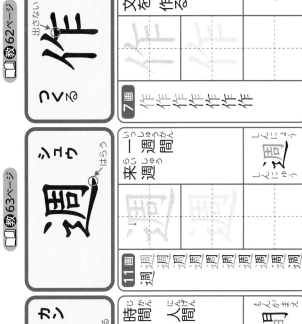

月　日

書いて おぼえよう！

教62ページ
作 サク サ つくる（出さない）
7画 作作作作作作作
作文（さくぶん）　作業（さぎょう）　文（ぶん）を 作（つく）る
作（にんべん）

教63ページ
週 シュウ（はらう）
11画 週週週週週週週週週週週
一週間（いっしゅうかん）　来週（らいしゅう）
週（しんにょう／しんにゅう）

教63ページ
間 カン ケン あいだ ま（はねる）
12画 間間間間間間間間間間間間
時間（じかん）　人間（にんげん）　夏（なつ）の 間（あいだ）　昼間（ひるま）
間（もんがまえ）

教64ページ
答 トウ こたえる こたえ（はらう）
12画 答答答答答答答答答答答答
返答（へんとう）　問（と）いに 答（こた）える
答（たけかんむり）

1 読みがなを 書きましょう。 30点（一つ5）

① 工作（　　）が とくいだ。

② すばやい 動（どう）作（　　）。

③ 一週間（　　）かかる。

④ 人間（　　）の 体（からだ）。

⑤ 一年の 間（　　）。

⑥ 答（　　）えを 書く。

← うらの ページに つづくよ！

② あてはまる漢字(かん)を　書きましょう。

70点（一つ10）

① おいしい　りょうりを　□(つく)る。

② 先□(しゅう)の　できごとを　話す。

③ 先生が　□(ま)もなく　とうちゃくする。

④ □□□(みっかかん)　出かける　よていだ。

⑤ つくえと　つくえの　□(あいだ)を　はなす。

⑥ □(とう)あんに　名前を　書く。

⑦ テストの　□(こた)え合(あ)わせを　する。

ヒント ② ③④⑤「間」を「聞」と書きまちがえないようにしましょう。

きほんのドリル 16。

なかまの 言葉（ば）と 漢字 (1)

じかん 15分
ごうかく80点
/100
答え 102ページ

月　日

書いて おぼえよう！

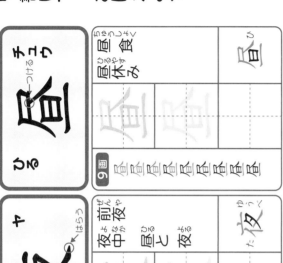

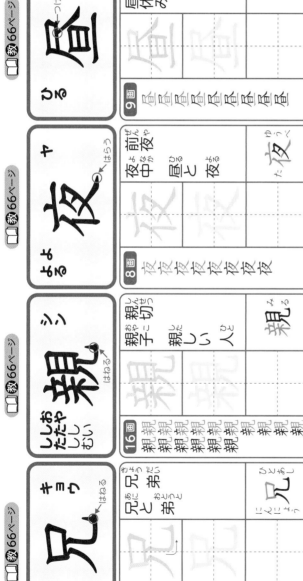

昼（教66ページ）　音：チュウ　訓：ひる　9画
昼食（ちゅうしょく）　昼休み（ひるやすみ）　昼（ひ）

夜（教66ページ）　音：ヤ　訓：よ・よる　8画
前夜（ぜんや）　夜中（よなか）　昼（ひる）と夜（よる）　夕べ（ゆうべ）　た夜

親（教66ページ）　音：シン　訓：おや・したしい・したしむ　16画
親切（しんせつ）　親子（おやこ）　親（した）しい人（ひと）　親（み）る

兄（教66ページ）　音：キョウ　訓：あに　5画
兄弟（きょうだい）　兄（あに）と弟（おとうと）　兄（ひとあし）にんにょう

1 読みがなを 書きましょう。30点（一つ5）

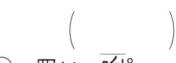

① 朝と 昼。
② 昼食（しょく）を とる。
③ 今夜の お天気。
④ 夜中に 目ざめる。
⑤ 親しい 友だち。
⑥ 兄は 中学生だ。

教科書 上 66ページ

うらの ページに つづくよ！

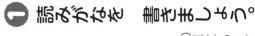

❷ あてはまる 漢字(かん)を 書きましょう。

70点(一つ10)

① □□(ひるま)の うちに 用(よう)を すませる。

② □□(ちゅうや)が ぎゃくてんした 生活。

③ もうすぐ □(よ)が 明(あ)ける。

④ □(よる)おそくまで おきて いる。

⑤ □□(しんゆう)と よべる 間がら。

⑥ となりの 人と □(した)しく 話す。

⑦ □(あに)と サッカーを する。

「しんゆう」は、なかよしの 友だちの ことだよ。

ヒント ❷ ⑤⑥「親」は、「立」った「木」のよこで「見」るとおぼえましょう。

きほんのドリル 17 なかまの 言葉と 漢字 (2)

じかん 15分
ごうかく 80点 /100
答え 102ページ
サクッとこたえあわせ
月　日

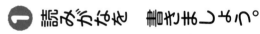

書いて おぼえよう！

父（ちち）　フ　（教 66ページ）
あける
4画　父父父父
父母（ふぼ）　父親（ちちおや）
父（ちち）

母（はは）　ボ　（教 66ページ）
つき出して はねる
5画　母母母母母
母校（ぼこう）　母親（ははおや）
母（なかれ）

姉（あね）　（教 66ページ）
とめる
8画　姉姉姉姉姉姉姉姉
姉（あね）と 兄（あに）　上（うえ）の 姉（あね）
姉（おんなへん）

弟（おとうと）　ダイ　（教 66ページ）
はねる
7画　弟弟弟弟弟弟弟
兄弟（きょうだい）　弟（おとうと）と 妹（いもうと）
弟（ゆみ）

1 読みがなを 書きましょう。　30点（一つ5）

① 父の 会社（しゃ）。（　　）

② 母の えがお。（　　）

③ 父母と 話す。（　　）

④ やさしい 姉。（　　）

⑤ 弟と 出かける。（　　）

⑥ 兄弟で あそぶ。（　　）

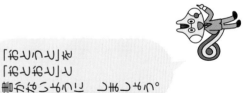

「おとうと」を「おとおと」と書かないように しましょう。

← うらの ページに つづくよ！

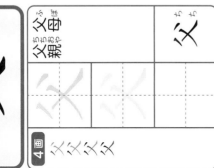

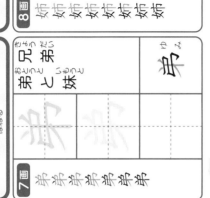

教科書 上 66ページ

❷ あてはまる 漢字(かん)を 書きましょう。

70点(一つ10)

① 休日に ［ちちおや］と つりに 出かける。

② ［ははおや］の そつぎょうした 小学校。

③ ［ふぼ］に おくりものを する。

④ ［ぼこう］を ほうもんする。

⑤ ［あね］が ケーキを やく。

⑥ ［きょうだい］げんかを して しかられる。

⑦ ぼくの ［おとうと］は いたずらずきだ。

ヒント ❷ ③「ちち」と「はは」をあわせて、「ふぼ」といいます。

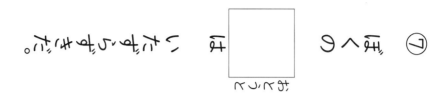

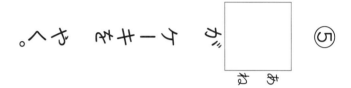

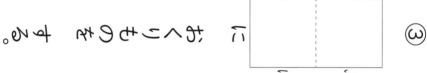

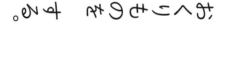

きほんのドリル 18。

なかまの 言葉（ば）と 漢字 (3)

じかん 15分　ごうかく80点　/100

答え 102ページ

月　日

書いて おぼえよう！

妹　いもうと　（教66ページ）　はらう
8画　妹妹妹妹妹妹妹妹
小（ちい）さい 妹（いもうと）
妹（いもうと）と 弟（おとうと）
妹（おんなへん）

万　マン　（教67ページ）　はねる
3画　万万万
一万円（いちまんえん）
万一（まんいち）
万（いち）

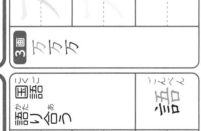

語　ゴ　かたる　かたらう　（教67ページ）　ながく
14画　語語語語語語語語語語語語語語
国語（こくご）
語（かた）り合（あ）う
語（ごんべん）

算　サン　（教67ページ）　とめる
14画　算算算算算算算算算算算算算算
算数（さんすう）
計算（けいさん）
算（たけかんむり）

1 読みがなを 書きましょう。　30点（一つ5）

① 妹が 生まれる。

② 一万円の おさつ。

③ 国語の 先生。

④ 兄と 語らう。

⑤ 計（けい）算が とくいだ。

⑥ 足し算を する。

← うらの ページに つづくよ！

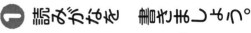

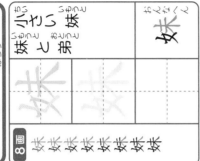

2 あてはまる漢字（かん）を　書きましょう。

70点（一つ10）

① □（いもうと）と　同じ　へやで　ねる。

② この　町の　人口は　□□□（にまんにん）だ。

③ 外国人に　□□□（にほんご）を　教（おし）える。

④ 今までの　人生について　□（かた）る。

⑤ □□（ごがく）の　勉強（べんきょう）を　つづける。

⑥ □□（さんすう）の　しゅくだいを　する。

⑦ 引（ひ）き□（ざん）の　もんだいを　とく。

ヒント ❷ ①「姉」とまちがわないようにちゅういしましょう。

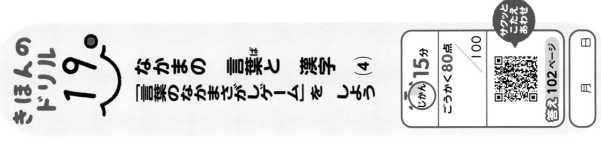

なかまの 言葉(ば)と 漢字 (4)
「言葉のなかまさがしゲーム」を しよう

じかん 15分
ごうかく 80点 /100
答え 102ページ
サクッと こたえ あわせ
月　日

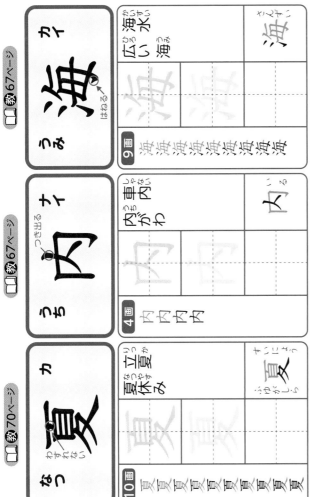

書いて おぼえよう！

教 67ページ
海 カイ うみ (はねる)
海水(かいすい)　広(ひろ)い 海(うみ)
海(さんずい)
9画 海海海海海海海海海

教 67ページ
内 ナイ うち (つき出る)
車内(しゃない)　内(うち)がわ
内(いる)
4画 内内内内

教 70ページ
夏 カ なつ (わすれない)
立夏(りっか)　夏休(なつやす)み
夏(すいにょう・ふゆがしら)
10画 夏夏夏夏夏夏夏夏夏夏

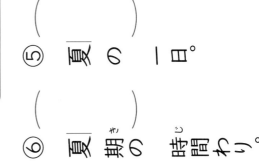

「氵」は 水に かんけいする 漢字に つくよ。

1 読みがなを 書きましょう。 30点(一つ5)

① 海に すむ 魚(さかな)。( )
② 海水よくを する。( )
③ はこの 内がわ。( )
④ へやの 内外。( )
⑤ 夏の 一日。( )
⑥ 夏期(き)の 時(じ)間わり。( )

← うらの ページに つづくよ！

❷ あてはまる 漢字(かん)を 書きましょう。

70点(一つ10)

① [　][　](かいがい)旅行(りょこう)を する 人が 多(おお)い。

② 夜の [　](うみ)で およぐのは きけんだ。

③ [　](うみ)開(びら)きが まちどおしい。

④ 身(み)[　](うち)で ささやかな おいわいを する。

⑤ [　][　](しゃない)の せいそうを する。

⑥ しょ[　](か)の さわやかな 風(かぜ)が ふく。

⑦ [　][　](なつやす)みの しゅくだい。

ヒント ❷ ①〜③「海」の右下を「母」としないように気をつけましょう。

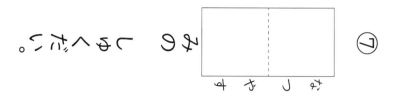

きつねの　おきゃくさま（1）

じかん15分　ごうかく80点　/100
サクッとこたえあわせ　答え102ページ

月　日

書いて　おぼえよう！

考（教72ページ）
コウ
かんがえる
はらう
6画　考考考考考考
思考（しこう）
よく考える（かんがえる）
考（おいかんむり／おいがしら）

太（教72ページ）
タイ　タ
ふとい　ふとる
はらう
4画　太太太太
太陽（たいよう）　丸太（まるた）
太い（ふとい）木（き）
太（だい）

丸（教73ページ）
ガン
まる　まるい　まるめる
まげる
3画　丸丸丸
一丸（いちがん）　丸い（まるい）玉（たま）
丸を（まる）つける
丸（てん）

読んで　おぼえよう！

●…とくべつな　読み方を　する　漢字（かんじ）

教73ページ　兄さん（にいさん）

1 読みがなを　書きましょう。　30点（一つ6）

① じっくり　考える。（　）
② 太った　ねこ。（　）
③ 明（あか）るい　太陽（よう）。（　）
④ お兄さんと　話す。（　）
⑤ 目を　丸く　する。（　）

「大」「犬」「太」は　点の　いちで　ちがう　字に　なるね。

教科書 上72～73ページ

← うらの　ページに　つづくよ！

② あてはまる 漢字(かんじ)を 書きましょう。

70点(一つ10)

① すじ道を 立てて [　　](しこう) する。

② [　](かんが)えた ことを 文に する。

③ [　](たい)陽(よう)の まぶしい 光(ひかり)を あびる。

④ [　](ふと)い 木の みき。

⑤ [　　](まるた)を のこぎりで 切(き)る。

⑥ ほう[　](がん)投(な)げの せん手。

⑦ まん[　](まる)な お月さま。

ヒント ② ③④⑤「大」と「太」をまちがえないようにしましょう。

きほんのドリル 21。

きつねの　おきゃくさま (2)

じかん 15分　ごうかく 80点　／100

サクッと こたえ あわせ　答え 102ページ

月　日

書いて　おぼえよう！

教 73ページ

心　シン　こころ　（はねる）

4画　心心心心

- 安心（あんしん）
- 心がけ（こころがけ）
- 心（こころ）

教 75ページ

切　セツ　きる　きれる　（はねる）

4画　切切切切

- 大切（たいせつ）
- 紙（かみ）を　切（き）る
- 切（かたな）

教 75ページ

行　コウ　ギョウ　いく　ゆく　おこなう　（とめる）

6画　行行行行行行

- 行進（こうしん）
- 一行目（いちぎょうめ）
- 町（まち）に　行（い）く
- 行（ゆ）く手（て）
- 行（ぎょう）

1 読みがなを　書きましょう。　30点（一つ5）

① 心の　中の　声。

② 内心　おどろく。

③ 切りかぶの　そば。

④ 買（か）いものに　行く。

⑤ よい　行い。

⑥ 一方通行の　道。

「心」は　書きじゅんに　ちゅうい。左から　書いて　いくよ。

教科書 上 73〜75ページ

うらの　ページに　つづくよ！

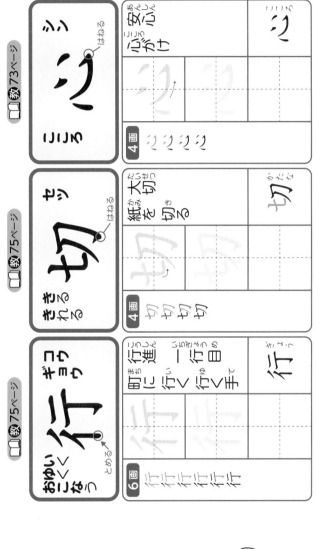

❷ あてはまる漢字(かん)を 書きましょう。

70点(一つ10)

① クラスの［ちゅうしん］に なって まとめる。

② 友だちの［こころ］くばりに かんしゃする。

③［しんせつ］な おこないを ほめられる。

④ よく［き］れる はさみ。

⑤［にぎょう］目に 線を 引(ひ)く。

⑥ わが 子の［ゆ］くすえを 気に かける。

⑦ 弟の［こう］動(どう)を 見まもる。

⑤〜⑦は、いろいろな 読み方が あるけど、同じ 漢字だね。

ヒント ❷ ①③どちらも「しん」と読む漢字がつかわれていますが、べつの漢字です。

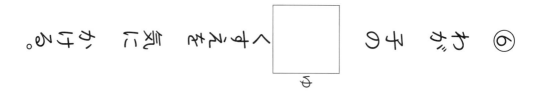

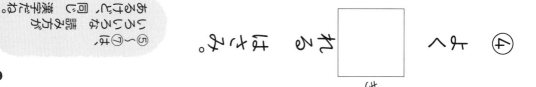

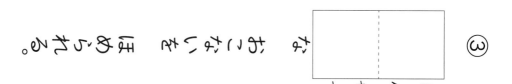

きつねの おきゃくさま (3)

じかん 15分　ごうかく80点　/100

答え102ページ

月　日

書いて おぼえよう！

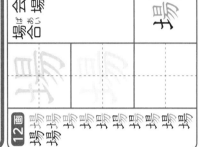

教86ページ
場 ジョウ ば（はらう）
12画 場場場場場場場場場場場場
会場（かいじょう）　場合（ばあい）
場（つちへん）

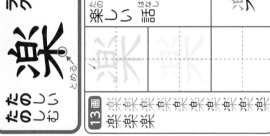

教86ページ
楽 ガク ラク たのしい たのしむ（とめる）
13画 楽楽楽楽楽楽楽楽楽楽楽楽楽
音楽（おんがく）　楽園（らくえん）
楽しい（たのしい）　話（はなし）
楽（き）

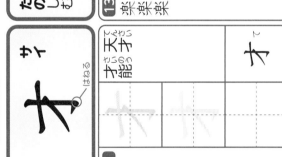

教86ページ
才 サイ（はねる）
3画 才才才
天才（てんさい）　才能（さいのう）
才（て）

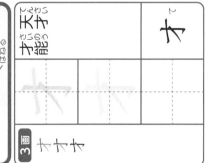

「才」は「オ」とにてるね。どこがちがうかな。

読んで おぼえよう！

●…とくべつな 読み方を する 漢字

教86ページ 父さん（とうさん）
教86ページ 母さん（かあさん）
教86ページ 姉さん（ねえさん）

1 読みがなを 書きましょう。 30点（一つ5）

① 近くの キャンプ場。（　　）
② 楽しい 時間。（　　）
③ 気が 楽に なる。（　　）
④ 語学の 天才。（　　）
⑤ 父さんと 母さん。（　　）（　　）

教科書 上86ページ

← うらの ページに つづくよ！

❷ あてはまる 漢字(かん)を 書きましょう。

70点（一つ10）

① けいこ□（ば）の そうじを する。

② □□（にゅう じょう）行進(しん)の れんしゅうを する。

③ むかしの □□（おん がく）を きく。

④ 友だちとの おしゃべりを □（たの）しむ。

⑤ 地上の □□（らく えん）と よばれる しま。

⑥ □（さい）のうゆたかな 画家(か)。

⑦ お□（ねえ）さんと 小学校に 通う。

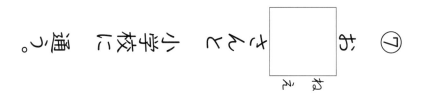

「楽」は、点の むきに ちゅうい しましょう。

ヒント
❷ ①②「場」は、右がわのよこぼうをわすれないようにしましょう。

きほんのドリル 23。 うれしく なる 言葉

時間15分　合かく80点　/100　答え102ページ　月　日　サクッとこたえあわせ

書いて おぼえよう！

教90ページ
合　ゴウ・ガッ・カッ／あ-う・あ-わす・あ-わせる（つける）
6画　合合合合合合
合計（ごうけい）　合体（がったい）
合戦（かっせん）　話し合う（はなしあう）
合（くち）

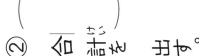

教90ページ
時　ジ／とき（つき出す）
10画　時時時時時時時時時時
時間（じかん）
時がたつ（ときがたつ）
時（ひへん）

教90ページ
元　ゲン・ガン／もと（ながく）
4画　元元元元
元気（げんき）　元日（がんじつ）
元にもどる（もとにもどる）
元（ひとあし・にんにょう）

1 読みがなを 書きましょう。

30点（一つ6）

① 三人で 話し 合う。（　）
② 合計を 出す。（　）
③ その 時の 思い出。（　）
④ 元気に 走り回る。（　）
⑤ 上手に おどる。（　）

読んで おぼえよう！

●…とくべつな 読み方を する 漢字

教92ページ
上手（じょうず）

友だちに「会う」答えが「合う」…つかう 漢字が ちがうね。

← うらの ページに つづくよ！

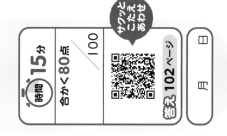

2 あてはまる 漢字（かんじ）を 書きましょう。

70点（一つ10）

① □（がっ）しょうコンクールに 出る。

② 声を □（あ）わせて 名前を よぶ。

③ きゅう食（しょく）の □□（じかん）に なる。

④ □（とき）が たつのは 早い。

⑤ □□（がんじつ）に おまいりする。

⑥ □□（じもと）の わかものが あつまる。

⑦ □（げん）号（ごう）を あらためる。

③と ⑥は どちらも 「じ」と 読む 漢字を つかうけど、ちがう 漢字だよ。

ヒント ❷ ②「合う」と「会う」のいみのちがいに気をつけましょう。

夏休みの ホームテスト

24. 四月から七月にならった 漢字と 言葉

時間 20分

合かく80点 ／100

答え 102ページ

月　日

1 漢字の 読みがなを 書きましょう。 25点(一つ5)

①（　　）兄弟 げんかばかり して いる。

②（　　）父親 が 子どもに ついて （　　）語 る。

③（　　）夏 休（　　）みの 計画(けい)を 立てる。

④（　　）昼 の うちに しゅくだいを する。

2 あてはまる 漢字を 書きましょう。 25点(一つ5)

① [うみ] べに ある ホテルに とまる。

② [さんすう] の 勉強(べんきょう)を する。

③ 大きな [まるた] を [きる]。

④ [こくない] を 汽車で いどうする。

← うらの ページに つづくよ！

3 漢字(かん)の　読みがなを　書きましょう。

30点(一つ5)

①
- あ　楽しく　あそぶ。
- い　音楽の　時間。

②
- あ　プールへ　行く。
- い　行を　かえる。

③
- あ　うどんを　作る。
- い　作文を　書く。

送(おく)りがなが　つくと、
読み方が　かわるよ。

4 形の　にて　いる　漢字に　気を　つけて、□に　正しい　漢字を　書きましょう。

20点(一つ5)

①
- あ　友だちに　□(あ)う。
- い　答(こた)えが　□(あ)う。

②
- あ　□(いもうと)と　あそぶ。
- い　□(あね)に　教(おそ)わる。

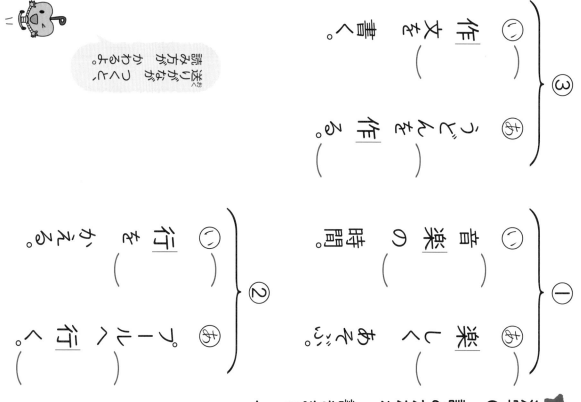

きほんのドリル 25。

話したいな、聞きたいな、夏休みのこと
二つの漢字でできている言葉 (1)

時間15分 合かく80点 ／100

サクッとこたえあわせ 答え103ページ

月　日

書いておぼえよう！

組	ソ / くむ・くみ	11画	組しき　ひと組　うでを組む	教96ページ
新	シン / あたらしい・あらた・にい	13画	新年　新たな計画　新しい年	教100ページ
牛	ギュウ / うし	4画	牛肉　子牛	教100ページ
鳥	チョウ / とり	11画	白鳥　小鳥	教100ページ

1 読みがなを書きましょう。 30点(一つ5)

① うでを組む。（　　）

② 組しきに入る。（　　）

③ 新しくさんかする。（　　）

④ 新年をむかえる。（　　）

⑤ かわいい子牛。（　　）

⑥ 親鳥がすを作る。（　　）

教科書 上96～100ページ

うらのページにつづくよ！

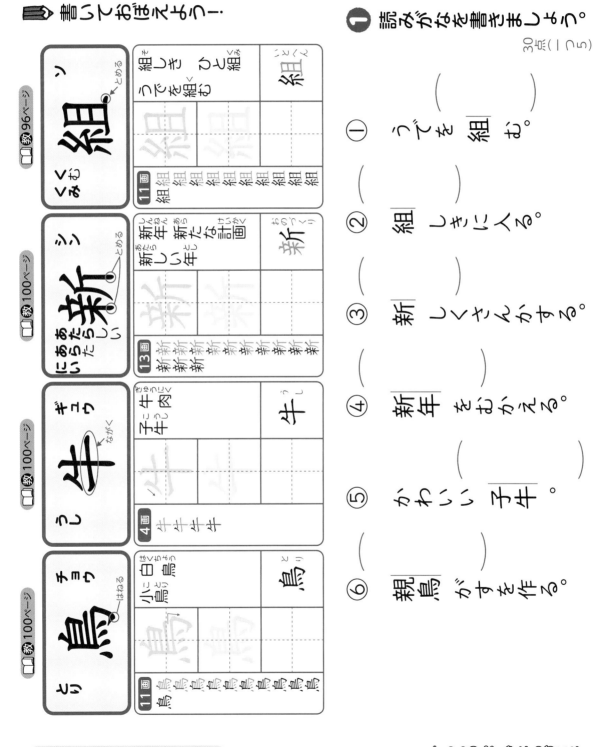

❷ あてはまる漢字(かんじ)を書きましょう。

70点（一つ10）

① [ふたくみ]のきゃくがおとずれる。

② [あら]たな気持(も)ちではじめる。

③ 今月入った[しんじん]。

④ [ぎゅう]にゅうからプリンを作る。

⑤ [うし]が草を食(た)べる。

⑥ [ことり]が木のえだにとまる。

⑦ [はくちょう]が空へととび立つ。

「鳥」は、点のむきに気をつけましょう。

ヒント ❷ ②③「新」は、同じ音読みで形のにた「親」とまちがわないようにしましょう。

きほんのドリル 26。

二つの漢字でできている言葉(ことば) (2)

時間 15分　合かく80点　／100

サクッとこたえあわせ　答え 103ページ

月　日

書いておぼえよう！

市	シ／いち	5画（市市市市市）	市長(しちょう)　市内(しない)　市場(いちば)　市(はば)
弓	ゆみ	3画（弓弓弓）	弓(ゆみ)を引(ひ)く　弓(ゆみ)なり　弓(ゆみ)
毛	モウ／け	4画（毛毛毛毛）	毛(もう)ふ　わた毛(げ)　毛(け)
電	デン	13画（電電電電電電電電電電電電電）	電気(でんき)　電力(でんりょく)　電(あめかんむり)

教101ページ（各漢字）　はねる

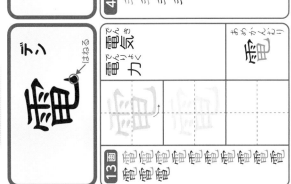

❶ 読みがなを書きましょう。 30点（一つ5）

① 朝市（　　）が立つ。

② 市内（　　）の学校。

③ 弓（　　）を引(ひ)く。

④ 赤い毛糸（　　）。

⑤ 毛（　　）ふをかぶる。

⑥ 電車（　　）にのる。

うらのページにつづくよ！

教科書 上101ページ

2 あてはまる漢字（かん）を書きましょう。

70点（一つ10）

① □□（いちば）で魚（さかな）を買（か）う。

② □□□（しちょうそん）が一つになる。

③ □（ゆみ）を力いっぱい引（ひ）く。

④ たんぽぽのわた□（げ）をとばす。

⑤ □（もう）筆（ひっ）で名前を書く。

⑥ へやの□□（でんき）をつける。

⑦ □□（でんしゃ）にのって出かける。

ヒント 2 ③書きじゅんに気をつけましょう。三画で書きます。

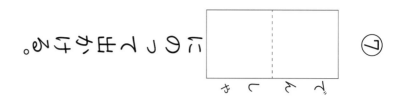

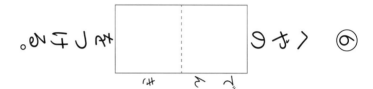

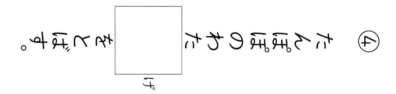

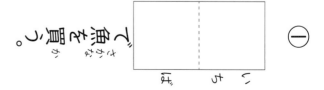

きほんのドリル 27。

二つの漢字でできている言葉(3)

時間 15分
合かく80点
/100
サクッとこたえあわせ
答え 103ページ
月 日

書いておぼえよう！

教101ページ
矢 や
矢じるし　矢じり　矢おもて
5画　矢 矢 矢 矢 矢
矢（や）

教101ページ
古 コ　ふるい　ふるす
古代　古い本
5画　古 古 古 古 古
古（くち）

教101ページ
門 モン
校門　門番
8画　門 門 門 門 門 門 門 門
門（もん）

教101ページ
光 コウ　ひかる　ひかり
光線　星が光る　月の光
6画　光 光 光 光 光 光
光（ひとあし／にんにょう）

❶ 読みがなを書きましょう。

30点（一つ5）

① 矢が当たる。
② 古いお寺。
③ 太古のれきし。
④ りっぱな門。
⑤ 月の光をあびる。
⑥ 赤い光線。

教科書 上101ページ

うらのページにつづくよ！

❷ あてはまる漢字(かん)を書きましょう。

70点（一つ10）

① □□（ゆみや）の名人と言われた男。

② つかい□（ふる）したタオルがお気に入りだ。

③ □（こ）代(だい)のたてものを見学する。

④ □□（こうもん）の前でまち合わせをする。

⑤ くらがりでねこの目が□（ひか）る。

⑥ □□（にっこう）がへやの中にさしこむ。

⑦ たいようの□（ひかり）がまぶしい。

ヒント ❷ ④「門」は、たてものの「もん」の形をあらわします。

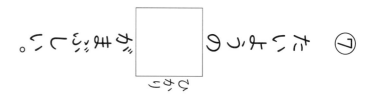

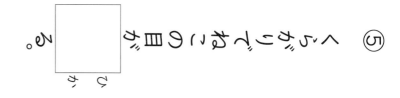

きほんのドリル 28. わにのおじいさんの たからもの（1）

時間 15分　合かく80点　／100

答え 103ページ

月　日

書いておぼえよう！

教 105ページ
頭 あたま　トウ　ズ（ななめに）
16画　頭頭頭頭頭頭頭頭頭頭頭頭頭頭頭頭
先頭（せんとう）　頭上（ずじょう）　頭（あたま）をあらう
頭（おおがい）

教 106ページ
野 の　ヤ（はねる）
11画　野野野野野野野野野野野
野外（やがい）　野草（やそう）　野山（のやま）　野宿（のじゅく）
野（さとへん）

教 106ページ
体 からだ　タイ（はらう・とめる）
7画　体体体体体体体
体力（たいりょく）　体（からだ）をあらう
体（にんべん）

1 読みがなを書きましょう。 30点（一つ6）

① 頭（　）をかく。
② 一頭（　）のライオン。
③ 野山（　）をかける。
④ 体（　）を休める。
⑤ 体（　）育（いく）の時間。

教科書 上 105～106ページ

うらの ページに つづくよ！

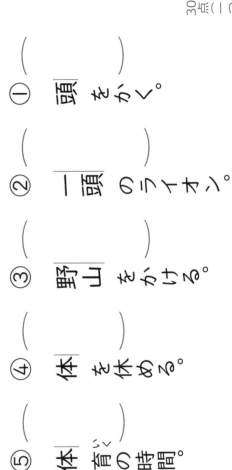

2 あてはまる漢字(かんじ)を書きましょう。

70点（一つ10）

① □□（ずじょう）をひこうきがとぶ。

② □（あたま）からシャワーをあびる。

③ □□（こうとう）でせつめいする。

④ □□（やせい）のトラをつかまえる。

⑤ みんなで□（の）原(はら)をかけまわる。

⑥ □□（じんたい）についてけんきゅうする。

⑦ □□（からだじゅう）に力があふれる。

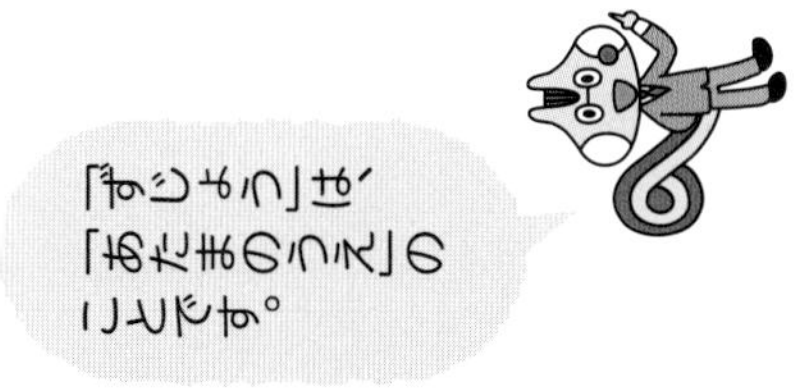

ヒント ２ ④⑤「野」の右上を「ァ」としないように。「マ」です。

わにのおじいさんのたからもの (2)

時間 15分　合かく80点　／100　答え 103ページ　月　日

サクッとこたえあわせ

書いておぼえよう！

教 107ページ

半　ハン　なかば（長く）

5画　半半半半半

半分（はんぶん）　今月の半ば（こんげつのなかば）　半（じゅう）

教 107ページ

長　チョウ　ながい（長く）

8画　長長長長長長長長

長時間（ちょうじかん）　ひもの長さ（ながさ）　長（ながい）

教 109ページ

顔　ガン　かお（とめる）

18画　顔顔顔顔顔顔顔顔顔顔顔顔顔顔顔顔顔顔

顔面（がんめん）　顔を出す（かおをだす）　顔（おおがい）

「顔」と「頭」は右がわが同じだね。

1 読みがなを書きましょう。 30点（一つ5）

① 半分（　　）だけもらう。

② 十月の半（　　）ば。

③ 長（　　）いリボン。

④ 村長（　　）と話す。

⑤ 顔（　　）を見合わせる。

⑥ 顔（　　）面（めん）が青くなる。

← うらのページにつづくよ！

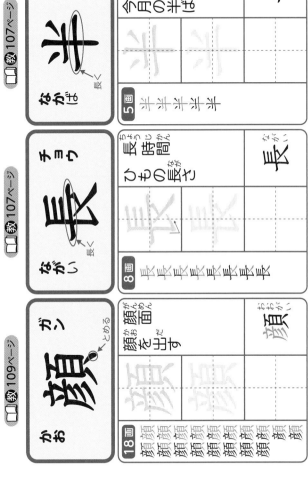

教科書 上 107～109ページ

❷ あてはまる漢字(かん)を書きましょう。

70点(一つ10)

① クッキーを□□(はんぶん)ずつ食(た)べる。

② 一年も□(なか)ばをすぎる。

③ ぼくのおじいさんは□□(こうちょう)先生だ。

④ □(なが)い間まちつづける。

⑤ ひもの□(なが)さをはかる。

⑥ □(かお)をつめたい水であらう。

⑦ □(がん)面(めん)に雨のしぶきがかかる。

ヒント ❷ ⑥⑦「顔」は、左がわの「彡」のむきに気をつけましょう。

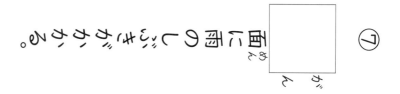

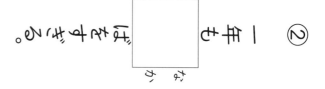

きほんのドリル 30。 わにのおじいさんの たからもの (3)

時間 15分
合かく80点 /100
サクッとこたえあわせ
答え103ページ
月　日

書いておぼえよう！

教111ページ
紙 かみ シ（はねる）
10画
白紙（はくし）　紙に書く（かみにかく）
糸（いとへん）

教111ページ
谷 たに（はらう）
7画
谷川（たにがわ）　谷間（たにま）
谷（たに）

教111ページ
岩 いわ ガン（出さない）
8画
岩石（がんせき）　岩場（いわば）
山（やま）

1 読みがなを書きましょう。 30点（一つ6）

① 紙（　）に字を書く。
② 大きな画用（よう）紙（　）。
③ 谷川（　）がながれる。
④ 岩（　）あなにかくれる。
⑤ 大きな岩石（　）。

「山」の「石」で「岩」だよ。

← うらの ページに つづくよ！

教科書 上 111ページ

❷ あてはまる漢字(かんじ)を書きましょう。

70点（一つ10）

① ［しきし］にサインする。

② 白い［かみ］に学年と名前を書く。

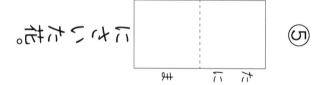

③ 新聞の［し］面(めん)をかざる。

④ ［たに］ぞこに花がさいている。

⑤ ［たにま］にさいた花。

⑥ けわしい［いわば］が広(ひろ)がっている。

⑦ ［がんせき］をけずって、石ぞうを作る。

「色紙」は「いろがみ」とも読みます。

ヒント ❷ ④⑤「谷」は、下の「口」を「ロ」にしないようにちゅういしましょう。

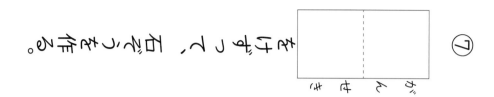

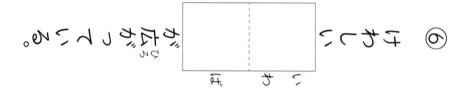

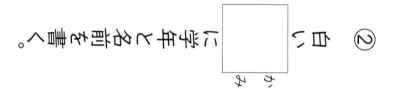

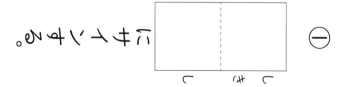

はんたいのいみの言葉(ことば)、にたいみの言葉

時間 15分　合かく80点　／100

サクッとこたえあわせ　答え 103ページ

月　日

書いておぼえよう！

強　キョウ　つよい　つよまる　つよめる（教 118ページ）
はねる
11画
強力(きょうりょく)　強い風(つよいかぜ)
弓(ゆみへん)

弱　ジャク　よわい　よわる　よわまる　よわめる（教 118ページ）
むきにちゅうい
10画
弱点(じゃくてん)　弱い糸(よわいいと)
弓(ゆみ)

細　サイ　ほそい　ほそる　こまか　こまかい（教 118ページ）
とめる
11画
細工(さいく)　細い糸(ほそいいと)　細かい雪(こまかいゆき)
糸(いとへん)

1 読みがなを書きましょう。　30点（一つ5）

① 気が強い。（　）
② 強力なみかた。（　）
③ 朝に弱い人。（　）
④ 細かいしつもん。（　）
⑤ 紙を細く切る。（　）
⑥ ガラス細工の店(みせ)。（　）

「強」と「弱」は
はんたいのいみの
漢字だね。

教科書 上 118ページ

うらのページにつづくよ！

2 あてはまる漢字(かん)を書きましょう。

70点（一つ10）

① 夕方から雨がしだいに［つよ］まる。

② 朝早くおきて勉(べん)［きょう］をする。

③ 台風(たいふう)がしだいに［よわ］まる。

④ ［きょう］［じゃく］をつけて話をする。

⑤ ［さい］［しん］のちゅういをはらう。

⑥ ［ほそ］いロープにつかまる。

⑦ ［こま］かいことを気にする。

ヒント ❷ ⑥⑦「細い」と「細かい」の「細」の読み方のちがいに気をつけましょう。

町の「すてき」をつたえます

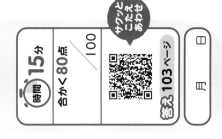

時間 15分 合かく80点 /100

答え103ページ

月　日

書いておぼえよう!

科（教120ページ）カ　9画　とめる
教科書（きょうかしょ）　科学（かがく）　のぎへん

室（教121ページ）シツ　9画　とめる
教室（きょうしつ）　室内（しつない）　室温（しつおん）　うかんむり

理（教122ページ）リ　11画　ななめに
理科（りか）　理想（りそう）　道理（どうり）　おうへん（たまへん）

知（教123ページ）チ　しる　8画　はらう
知人（ちじん）　知力（ちりょく）　知る（しる）　やへん

読んでおぼえよう!

●…とくべつな読み方をする漢字

教121ページ　大人（おとな）

1 読みがなを書きましょう。30点（一つ6）

① 生活科の時間。
② 室内でまつ。
③ 理由（ゆう）をたずねる。
④ よく知る人。
⑤ ほうふな知しき。

うらのページにつづくよ!

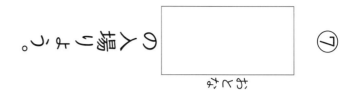

❷ あてはまる漢字を書きましょう。

70点（一つ10）

① 弟にすきな［かもく］をたずねる。

② ひざをすりむいて、ほけん［しつ］に行く。

③ ［りか］のじっけんをする。

④ おくれてきた［り］由をたずねる。

⑤ ［ちじん］に道でばったり会う。

⑥ ［し］らない町を一人でたびする。

⑦ ［おとな］の入場りょう。

ヒント ❷ ①③「科」の左がわは、「木（きへん）」ではなく「禾（のぎへん）」です。

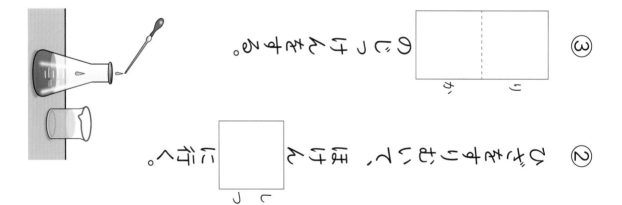

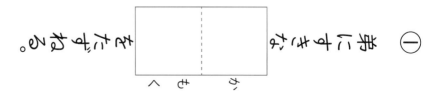

まとめのドリル 33

話したいな、聞きたいな、夏休みのこと～町の「すてき」をつたえます

時間 20分
合かく80点
/100
サクッとこたえあわせ
答え 103ページ
月　日

1 漢字(かん)の読みがなを書きましょう。 50点(一つ5)

① 理科室（　　）の 電気（　　）をつける。

② 弓矢（　　）でかりをする。

③ 音に 強弱（　　）をつけてピアノをひく。

④ ゾウの 体長（　　）は五メートルいじょうある。

⑤ 古（　　）い日記ちょうをひらく。

⑥ きのうの朝から 頭（　　）がいたい。

⑦ ビルの 谷間（　　）に 光（　　）がさす。

⑧ 小鳥（　　）のさえずりが聞こえる。

教科書 上 96～123ページ

← うらのページにつづくよ！

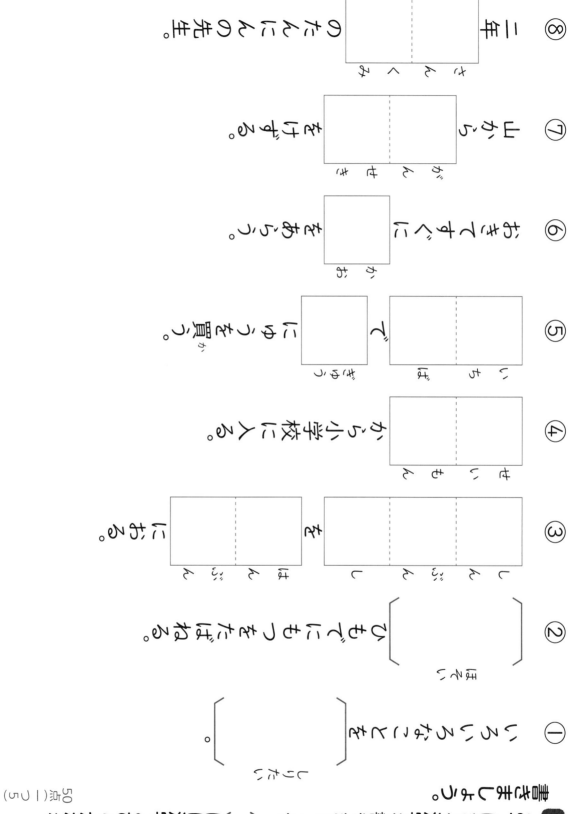

2 あてはまる漢字(かん)を書きましょう。〔　〕には漢字とひらがなを書きましょう。

50点(一つ5)

① いろいろなことを〔　(しりたい)　〕。

② 〔　(ほそい)　〕ひもでにもつをたばねる。

③ ［　(しんぶんし)　］を［　(はんぶん)　］におる。

④ ［　(せいもん)　］から小学校に入る。

⑤ ［　(いちば)　］で［　(ぎゅう)　］にゅうを買(か)う。

⑥ おきてすぐに［　(かお)　］をあらう。

⑦ 山から［　(がんせき)　］をけずる。

⑧ 二年［　(さんくみ)　］のたんにんの先生。

さけが大きくなるまで (1)

時間 15分　合かく80点　/100

サクッとこたえあわせ　答え 103ページ

月　日

書いておぼえよう！

北（教8ページ）　ホク　きた　はねる
5画　北北北北北
東北（とうほく）　北風（きたかぜ）　北（ひ）

魚（教8ページ）　ギョ　うお　さかな　むきにちゅうい
11画　魚魚魚魚魚魚魚魚魚魚魚
金魚（きんぎょ）　魚市場（うおいちば）　魚つり（さかなつり）　魚（うお）

秋（教8ページ）　シュウ　あき　とめる
9画　秋秋秋秋秋秋秋秋秋
秋分の日（しゅうぶんのひ）　秋風（あきかぜ）　秋（のぎへん）

冬（教10ページ）　トウ　ふゆ　はらう
5画　冬冬冬冬冬
立冬（りっとう）　冬休み（ふゆやすみ）　冬（にすい）

1 読みがなを書きましょう。 30点（一つ5）

① 北（　　）にむかう。

② 車で 北上（　　）する。

③ 魚（　　）をつる。

④ 魚市場（　　）ではたらく。

⑤ 秋（　　）のはじまり。

⑥ 冬（　　）が来（く）る。

教科書 下8～10ページ

← うらのページにつづくよ！

❷ あてはまる漢字(かん)を書きましょう。

70点（一つ10）

① つめたい［きた］風(かぜ)に、みをすくめる。

② お母さんは東(とう)［ほく］生まれだ。

③ 出店(みせ)で［きんぎょ］つりをする。

④ 海に［さかな］つりに出かける。

⑤ ［しゅうぶん］の日はお休みだ。

⑥ ［ふゆ］休みの計(けい)画を立てる。

⑦ くまの親子が［とう］みんする。

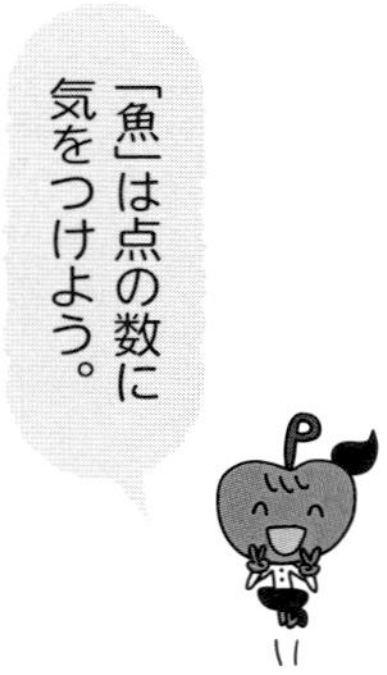

ヒント ❷ ①②「北」の左がわは三画で、右がわは二画で書きます。

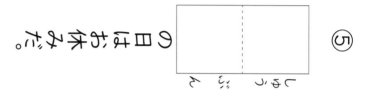

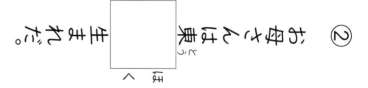

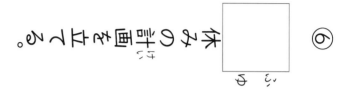

きほんのドリル 35。 さけが大きくなるまで (2)

時間 15分　合かく80点　/100

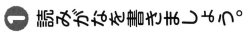

サクッとこたえあわせ　答え 103ページ

月　日

書いておぼえよう！

広（教13ページ）
コウ
ひろい・ひろまる　ひろめる　ひろがる　ひろげる
とめる
5画　広広広広広
広大（こうだい）　広い海（ひろいうみ）
広（まだれ）

食（教13ページ）
ショク
くう　たべる
わすれない
9画　食食食食食食食食食
朝食（ちょうしょく）　食い気（くいけ）　食べもの（たべもの）
食（しょくへん）

帰（教14ページ）
キ
かえる　かえす
とめる
10画　帰帰帰帰帰帰帰帰帰帰
帰国（きこく）　早く帰る（はやくかえる）
帰（はば）

東（教18ページ）
トウ
ひがし
はらう
8画　東東東東東東東東
東京（とうきょう）　東の空（ひがしのそら）
東（き）

1 読みがなを書きましょう。 30点（一つ5）

① 広いうちゅう。（　）
② 食べものをさがす。（　）
③ 夕食の時間。（　）
④ 家（いえ）に帰る。（　）
⑤ 東の空。（　）
⑥ 東北地方でくらす。（　）（　）

← うらのページにつづくよ！

❷ あてはまる漢字を書きましょう。

70点（一つ10）

① □□（こうだい）な土地をたがやす。

② 目の前に海が□（ひろ）がる。

③ □□（ちょうしょく）にトーストをやく。

④ 兄がアメリカから□□（きこく）する。

⑤ いつもよりおそい時間に□（かえ）る。

⑥ 友だちが□（とう）京に引っこす。

⑦ □（ひがし）の空が明るくなる。

ヒント ❷ ①②「広」は、「广」を「厂」にしないようにちゅういしましょう。

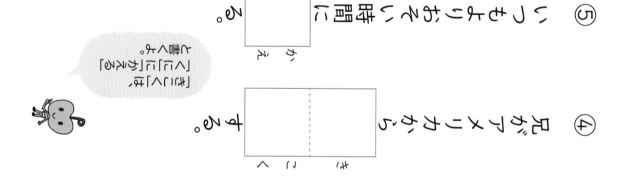

さけが大きくなるまで おもしろいもの、見つけたよ (3)

時間 15分　合かく80点　/100

サクッとこたえあわせ　答え 103ページ

月　日

書いておぼえよう！

教 18ページ
西　セイ サイ　にし　（出さない）
西部（せいぶ）　東西（とうざい）　西日（にしび）　西（にし）
6画　西西西西西西

教 18ページ
南　ナン　みなみ　（はねる）
南北（なんぼく）　南向き（みなみむき）　南（じゅう）
9画　南南南南南南南南南

教 30ページ
少　ショウ　すくない　すこし　（はらう）
少年（しょうねん）　少しだけ（すこしだけ）　水が少ない（みずがすくない）　少（しょう）
4画　少少少少

1 読みがなを書きましょう。 30点（一つ6）

① 西（　　）の地方。

② 南（　　）からの風（かぜ）。

③ 地図の 東西南北（　　）。

④ 少（　　）し大きくなる。

⑤ わんぱくな 少年（　　）。

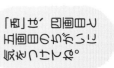

「西」は、四画目と五画目のちがいに気をつけてね。

❷ あてはまる漢字(かん)を書きましょう。

70点（一つ10）

① □(にし)日本の天気は雨だ。

② □□(ほくせい)から風(かぜ)がふく。

③ □□□□(とうざいなんぼく)をたしかめる。

④ □(みなみ)むきのへやにすむ。

⑤ かみの長い□□(しょうじょ)。

⑥ しあいの時間がのこり□(すく)なくなる。

⑦ □(すこ)しだけさとうを入れる。

ヒント ❷⑤～⑦「小」とまちがえないようにちゅういしましょう。

ないた赤おに (1)

時間 15分　合かく80点　/100

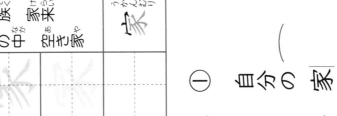

答え 103ページ

月　日

書いておぼえよう！

教 34ページ
家　カ　ケ　いえ　や　（はねる）
10画　家家家家家家家家家家
家族（かぞく）　家来（けらい）　家の中（いえのなか）　空き家（あきや）
うかんむり　家

教 35ページ
角　カク　かど　つの　（出さない）
7画　角角角角角角角
三角形（さんかくけい）　まがり角（かど）　牛の角（うしのつの）
かく　つの　角

教 35ページ
当　トウ　あたる　あてる　（出さない）
6画　当当当当当当
当時（とうじ）　日が当たる（ひがあたる）
しょう　当

教 36ページ
戸　コ　と　（はらう）
4画　戸戸戸戸
戸外（こがい）　戸じまり（とじまり）
と　戸

1 読みがなを書きましょう。 30点（一つ5）

① 自分の 家。（　）
② 一家 でいわう。（　）
③ 牛の 角。（　）
④ 本当 の気持ち。（　）
⑤ かんが 当 たる。（　）
⑥ 戸 をたたく。（　）

うらの ページに つづくよ！

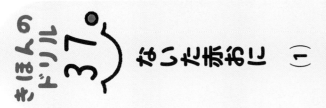

❷ あてはまる漢字(かん)を書きましょう。

70点（一つ10）

① アパートの［おおや］さん。

② ももたろうの［け］来(らい)。

③ ［さんかく］のおにぎりを食べる。

④ この先の［かど］をまがる。

⑤ まと［あ］ての名人だ。

⑥ ［とうぶん］の間はお休みだ。

⑦ ［こがい］でサッカーをする。

ヒント ❷ ⑤⑥「当」は、上の部分(ぶ)を「⺌」としないようにしましょう。

きほんのドリル 38。 ないた赤おに (2)

時間 15分　合かく80点　／100

サクッとこたえあわせ　答え 104ページ

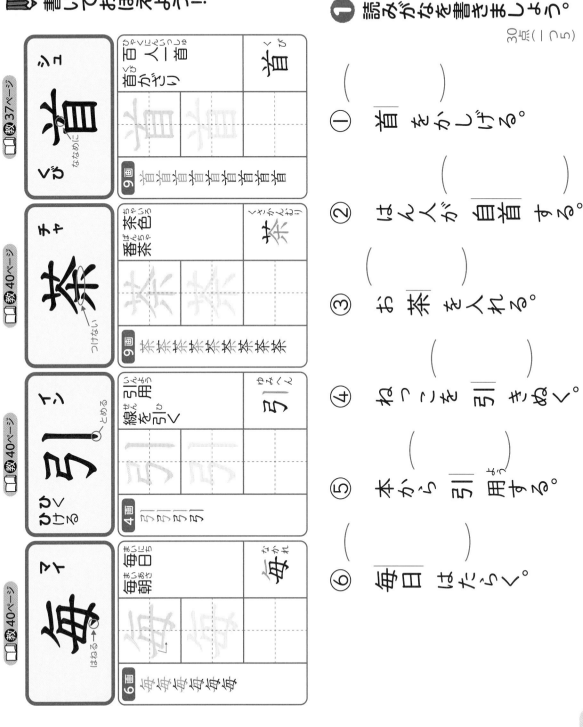

月　日

書いておぼえよう！

教 37ページ

首 くび　シュ　（ななめに）
9画 首首首首首首首首首
百人一首（ひゃくにんいっしゅ）　首かざり（くびかざり）
首（くび）

教 40ページ

茶 チャ　（つけない）
9画 茶茶茶茶茶茶茶茶茶
茶色（ちゃいろ）　番茶（ばんちゃ）
艹（くさかんむり）

教 40ページ

引 ひく　ひける　イン　（とめる）
4画 引引引引
引用（いんよう）　線を引く（せんをひく）
弓（ゆみへん）

教 40ページ

毎 マイ　（はねる）
6画 毎毎毎毎毎毎
毎日（まいにち）　毎朝（まいあさ）
毋（なかれ）

1 読みがなを書きましょう。

30点（一つ5）

① 首をかしげる。（　　）
② はんにんが自首する。（　　）
③ お茶を入れる。（　　）
④ ねっこを引きぬく。（　　）
⑤ 本から引用（よう）する。（　　）
⑥ 毎日はたらく。（　　）

うらのページにつづくよ！

❷ あてはまる漢字(かん)を書きましょう。

70点(一つ10)

① どうしても □(くび) をたてにふらない。

② 百人 □□(いっしゅ) のカルタ。

③ □□(ちゃいろ) のリボンをむすぶ。

④ 力を合わせてつな □(ひ) きをする。

⑤ 月にも □□(いんりょく) がある。

⑥ カブトムシが糸を □(ひ) っぱる。

⑦ □□(まいあさ) 牛にゅうをのんでいる。

ヒント ❷ ③「茶」は、下の部分(ぶ)を「木」にしないように気をつけましょう。

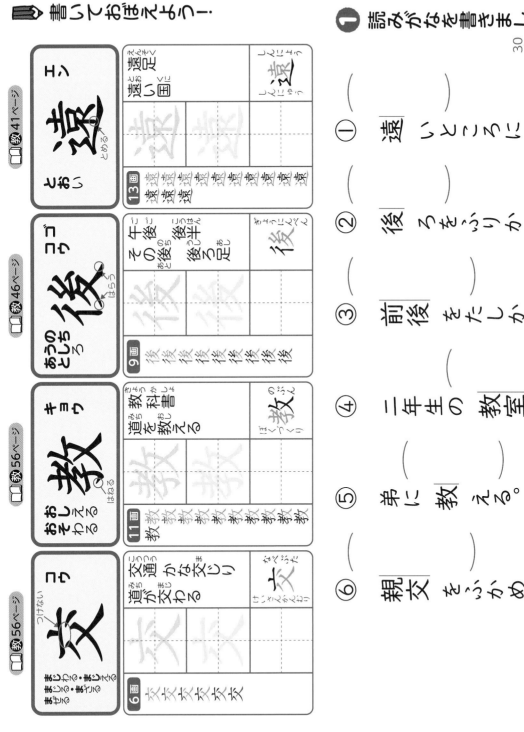

ないた赤おに (3)
「お話びじゅつかん」を作ろう

時間 15分 合かく80点 ／100

サクッとこたえあわせ 答え 104ページ

月　日

書いておぼえよう！

📖教41ページ

遠　エン　とおい

とめる

13画

遠足（えんそく）　遠い国（とおいくに）

しんにょう（しんにゅう）

📖教46ページ

後　ゴ　コウ　あと　うしろ　のち

はらう

9画

午後（ごご）　その後（そのあと）　後半（こうはん）　後ろ足（うしろあし）

ぎょうにんべん

📖教56ページ

教　キョウ　おしえる　おそわる

はねる

11画

教科書（きょうかしょ）　道を教える（みちをおしえる）

のぶん（ぼくづくり）

📖教56ページ

交　コウ　まじわる・まじえる　まじる・まざる　まぜる

つけない

6画

交通（こうつう）　かな交じり（かなまじり）　道が交わる（みちがまじわる）

なべぶた（けいさんかんむり）

1 読みがなを書きましょう。

30点（一つ5）

① 遠いところに行く。（　　）

② 後ろをふりかえる。（　　）

③ 前後をたしかめる。（　　）

④ 二年生の教室。（　　）

⑤ 弟に教える。（　　）

⑥ 親交をふかめる。（　　）

➡ うらのページにつづくよ！

❷ あてはまる漢字(かん)を書きましょう。

70点(一つ10)

① ［えんそく］の日が雨でのびる。

② しあいが［こうはん］をむかえる。

③ くもり［のち］晴(は)れの天気よほう。

④ おどろいて［あと］ずさりする。

⑤ むずかしい漢字を［おそ］わる。

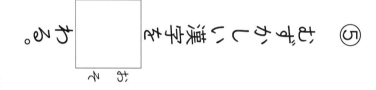

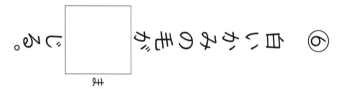

⑥ 白いかみの毛が［ま］じる。

⑦ 二本の道が［まじ］わる。

ヒント ❷
②③④「後」の右下は「又」ではなく「夂」です。
⑥⑦おくりがなのちがいに気をつけましょう。

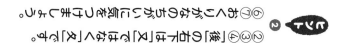

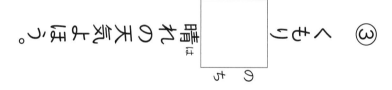

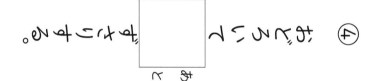

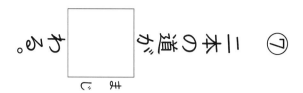

きほんのドリル 40。

「クラスお楽しみ会」をひらこう 漢字のつかい方と読み方 (1)

時間15分 合かく80点 /100

サクッとこたえあわせ 答え104ページ

月　日

書いておぼえよう！

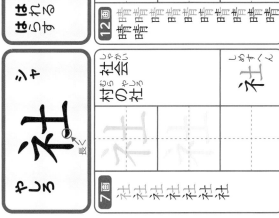

教60ページ
多 タ おおい（下を大きく）
6画 多多多多多多
多少（たしょう） 数（かず）が多（おお）い
多（た） ゆうべ

教66ページ
晴 セイ はれる はらす（はねる）
12画 晴晴晴晴晴晴晴晴晴晴晴晴
晴天（せいてん） 空（そら）が晴（は）れる
晴（ひへん）

教66ページ
社 シャ やしろ（長く）
7画 社社社社社社社
社会（しゃかい） 村（むら）の社（やしろ）
社（しめすへん）

「日」がさして空が「青い」から「晴れ」とおぼえましょう。

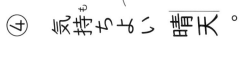

1 読みがなを書きましょう。 30点（一つ5）

① 人が 多い。（　　）
② 多数 の本。（　　）
③ 晴れた空。（　　）
④ 気持（も）ちよい 晴天。（　　）
⑤ 大きな 会社。（　　）
⑥ お 社 をまつる。（　　）

うらのページにつづくよ！

❷ あてはまる漢字(かんじ)を書きましょう。

70点（一つ10）

① □□(たしょう)つかれたが元気だ。

② みどりの□(おお)い公園。

③ 友だちのうたがいを□(は)らす。

④ 気持(も)ちよい□□(せいてん)の一日。

⑤ 雨のち□(は)れの天気よほう。

⑥ 森の中のお□(やしろ)。

⑦ ゆたかな□□(しゃかい)を目ざす。

ヒント ❷ ③～⑤「晴」は、右上を「土」や「王」にしないように気をつけましょう。

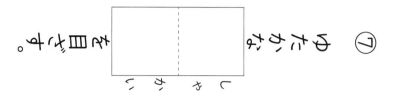

漢字のつかい方と読み方 (2)

時間 15分　合かく80点　/100

サクッとこたえあわせ　答え104ページ

月　日

書いておぼえよう！

歩（教66ページ）
- ホ
- あるく・あゆむ
- 歩行（ほこう）　山道（やまみち）を歩（ある）く　休（やす）まず歩（あゆ）む
- 8画　はらう　とめる

売（教67ページ）
- バイ
- うる・うれる
- 売店（ばいてん）　売（う）り上（あ）げ
- 7画　はねる　さむらい

計（教67ページ）
- ケイ
- はかる・はからう
- 計画（けいかく）　時間（じかん）を計（はか）る
- 9画　とめる　ごんべん

「計」の九画目は、はらって書いてもせいかいだよ。

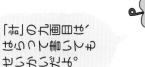

1 読みがなを書きましょう。 30点（一つ5）

① ゆっくりと歩（　）く。

② 歩行（　）のくんれん。

③ たくさん売（　）れる。

④ えきの売店（　）。

⑤ むずかしい計算（　）。

⑥ タイムを計（　）る。

うらのページにつづくよ！

教科書 下66～67ページ

❷ あてはまる漢字を書きましょう。

70点（一つ10）

① おうだん［ほどう］をわたる。

② 犬をつれて公園を［ある］く。

③ ふと［あゆ］みを止める。

④ くつ［う］り場に立ちよる。

⑤ ［ばい］店でジュースを買う。

⑥ ［ごうけい］でいくつになるか数える。

⑦ うまくいくようにとり［はか］らう。

ヒント ❷ ①〜③「歩」は、「止」まることが「少」ないと書きます。

きほんのドリル 42。

漢字のつかい方と読み方（3）ジャンプロケットを作ろう

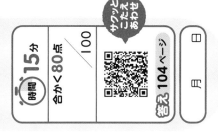

時間 15分　合かく80点　/100

サクッとこたえあわせ　答え 104ページ

月　日

書いておぼえよう！

教 67ページ

肉　ニク　（とめる）

肉体（にくたい）　肉を食べる（にくをたべる）

肉（にく）

6画　肉肉肉肉肉肉

教 67ページ

船　セン　ふね　ふな　（右上にはらう）

船長（せんちょう）　船に乗る（ふねにのる）　船旅（ふなたび）

舟（ふねへん）

11画　船船船船船船船船船船船

教 74ページ

台　ダイ　タイ　（とめる）

土台（どだい）　台風（たいふう）　台地（だいち）

台（くち）

5画　台台台台台

「船」の「八」を「人」にしないようにね。

❶ 読みがなを書きましょう。　30点（一つ5）

①（　　）牛肉のステーキ。

②（　　）船で川を下る。

③（　　）船でたびをする。

④（　　）乗（じょう）船きっぷ

⑤（　　）台紙にはる。

⑥（　　）台風（ふう）が来（く）る。

うらのページにつづくよ！

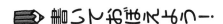

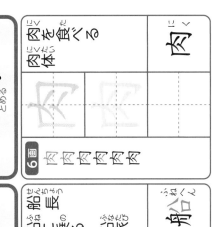

教科書 下 67～74ページ

❷ あてはまる漢字(かんじ)を書きましょう。

70点(一つ10)

① とり［にく］でカレーを作る。

② ［にく｜しょく］のどうぶつ。

③ ひげを生やした［せん｜ちょう］。

④ ［ふな｜で］の時が近づく。

⑤ 大きな［ふね］にのる。

⑥ ［たい］風(ふう)が日本に近づく。

⑦ 犬が小さな［だい］の上にのる。

「ふなで」は、ふねでしゅっぱつすることです。

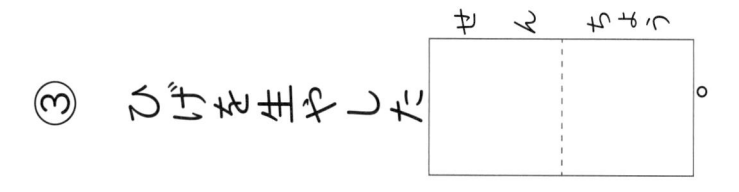

ヒント ❷ ①②「肉」は、書きじゅんに気をつけて書きましょう。

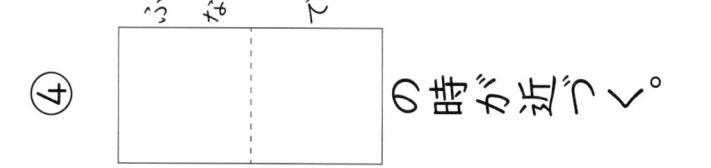

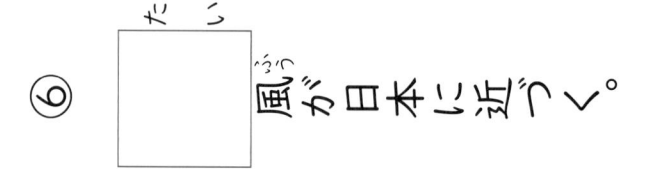

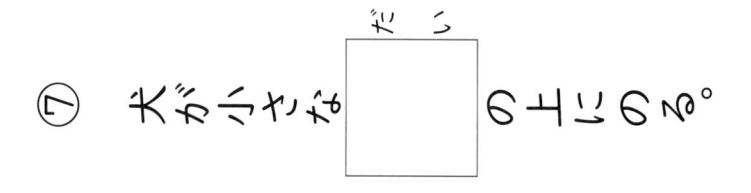

43。九月から十二月にならった漢字(かん)と言葉(ば)

時間 20分
合かく80点
／100
サクッとこたえあわせ
答え 104ページ
月　日

1 漢字の読みがなを書きましょう。 25点（一つ5）

① 晴天（　　）の下でかけ回る。

② 食後（　　）のお茶（　　）をのむ。

③ お兄さんからわり算を教（　　）わる。

④ 交通（　　）あんぜんに気をつける。

「教える」と「教わる」で読み方がかわるよ。

2 あてはまる漢字を書きましょう。〔　〕には漢字とひらがなを書きましょう。 25点（一つ5）

① 〔とおく　　〕からぼくをよぶ声が聞こえる。

② 夕方になったので □（いえ）に〔かえる　　〕。

③ 〔すくない　　〕人数で何とかやりとげる。

④ □□（とうぶん）はこのままでつづけていこう。

うらのページにつづくよ！

3 なかまの言葉と漢字をあつめています。□にあてはまる漢字を書きましょう。 20点（一つ5）

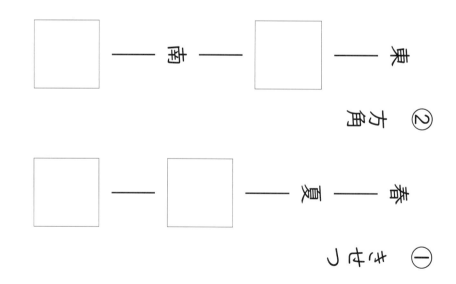

① きせつ

春 ― 夏 ― □ ― □

② 方角

東 ― □ ― 南 ― □

4 つぎの漢字の書きじゅんの正しいほうに、○をつけましょう。 30点（一つ10）

① 肉

あ（　）丨冂内内肉肉

い（　）ノ人仌仌肉

② 毎

あ（　）ノ𠂉乍毎毎

い（　）ノ𠂉乍𠫓毎

③ 角

あ（　）ノクケ仵角角

い（　）ノクケ角角角

きほんのドリル 44。

かさこじぞう (1)

時間 15分
合かく80点 ／100
サクッとこたえあわせ
答え 104ページ
月　日

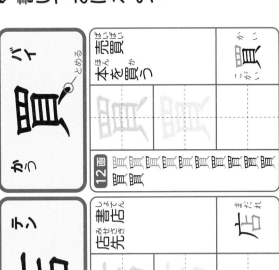

書いておぼえよう！

教 89ページ
買 かう　バイ（とめる）
12画
売買（ばいばい）　本を買（か）う　買（か）い
　こがい

教 91ページ
店 みせ　テン（はらう）
8画
書店（しょてん）　店先（みせさき）　店（まだれ）

教 92ページ
原 はら　ゲン（わすれない）
10画
草原（そうげん）　原形（げんけい）　原（はら）っぱ　原（がんだれ）

教 92ページ
来 くる　ライ（長く）
7画
来月（らいげつ）　人（ひと）が来（く）る　来（き）

1 読みがなを書きましょう。

30点（一つ5）

① おさらを 買（　　）う。

② 魚を売る 店（　　）。

③ 野原（　　） であそぶ。

④ 大きな 草原（　　）。

⑤ 家に 来（　　）る。

⑥ 来月（　　） のカレンダー。

← うらの ページに つづくよ！

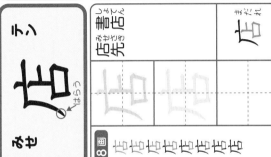

❷ あてはまる漢字(かん)を書きましょう。

70点（一つ10）

① 米(こめ)の[ばいばい]をする。

② [てんとう]に見本のおさらをかざる。

③ [みせさき]でおきゃくさんが立ち話をする。

④ [はら]っぱだったところにビルがたつ。

⑤ 馬が[そうげん]をかける。

⑥ [けらい]にめいれいをする。

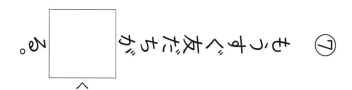

⑦ もうすぐ友だちが[く]る。

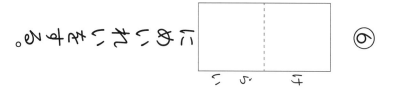

⑤は「くさはら」とも読むよ。

ヒント ❷ ①上下の漢字をぎゃくにしないようにちゅうい。「うりかい」のじゅんです。

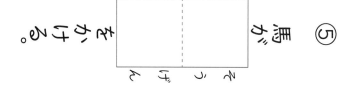

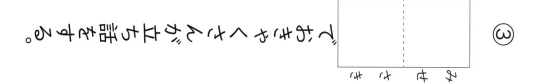

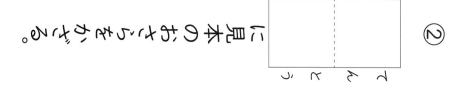

きほんのドリル 45。

かさこじぞう (2)

時間 15分　合かく80点　/100

答え 104ページ

月　日

書いておぼえよう！

教 92ページ

風 フウ　かぜ・かざ（はらう）

9画　風風風風風風風風風

強風（きょうふう）　風の音（かぜのおと）　風むき（かざむき）　風（かぜ）

教 93ページ

雪 セツ　ゆき（つき出ない）

11画　雪雪雪雪雪雪雪雪雪雪雪

新雪（しんせつ）　雪かき（ゆきかき）　雪（あめかんむり）

教 97ページ

米 ベイ・マイ　こめ（はらう）

6画　米米米米米米

米作（べいさく）　白米（はくまい）　米つぶ（こめつぶ）　米（こめ）

教 99ページ

歌 カ　うた・うたう（はねる）

14画　歌歌歌歌歌歌歌歌歌歌歌歌歌歌

歌手（かしゅ）　歌声（うたごえ）　校歌を歌う（こうかをうたう）　歌（あくび・かける）

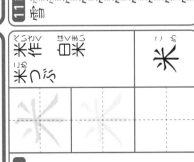

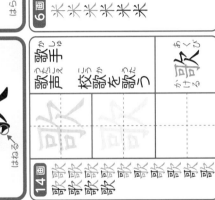

1 読みがなを書きましょう。 30点（一つ5）

① 風がふく。（　　）

② 台風の目。（　　）

③ 雪がふり出す。（　　）

④ 雪原のウサギ。（　　）

⑤ 米をとぐ。（　　）

⑥ 楽しく歌う。（　　）

うらのページにつづくよ！

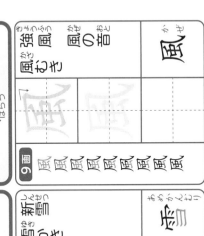

2 あてはまる漢字(かん)を書きましょう。

70点(一つ10)

① きゅうに［かざ］むきがかわる。

② ［きょうふう］にさからって歩く。

③ ［しんせつ］がうっすらふりつもる。

④ たきたての［はくまい］はおいしい。

⑤ ［べいさく］を親子でつづける。

⑥ うつくしい［うたごえ］にうっとりする。

⑦ ［かしゅ］にサインをもらう。

ヒント 2

①②「風」の中の部(ぶ)分を「虫」にしないように気をつけましょう。

④⑤「米」は、書きじゅんに気をつけましょう。「八十八」とおぼえます。

かさこじぞう (3)

時間 15分　合かく80点　/100

サクッとこたえあわせ　答え 104ページ

月　日

書いておぼえよう！

止（教 99ページ）　シ　とまる・とめる　（つき出さない）
- 4画：止止止止
- 中止（ちゅうし）　立ち止まる（たちどまる）
- 止（とめる）

池（教 104ページ）　チ　いけ　（はねる）
- 6画：池池池池池池
- 電池（でんち）　池の水（いけのみず）
- 池（さんずい）

里（教 104ページ）　リ　さと　（出さない）
- 7画：里里里里里里里
- 千里の道も一歩から（せんりのみちもいっぽから）　里いも（さといも）
- 里（さと）

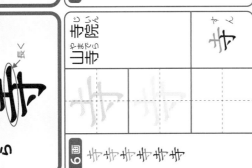

寺（教 104ページ）　ジ　てら　（長く）
- 6画：寺寺寺寺寺寺
- 寺院（じいん）　山寺（やまでら）
- 寺（すん）

1 読みがなを書きましょう。 30点（一つ5）

① うごきが 止（　　）まる。

② 池（　　）の水をくむ。

③ 電池（　　）でうごく。

④ 里山（　　）の草花。

⑤ 五里（　　）の道のり。

⑥ お寺（　　）にまいる。

← うらのページに つづくよ！

2 あてはまる漢字(かん)を書きましょう。

70点(一つ10)

① 工場見学が［ちゅうし］になる。

② 足を［と］めて考えこむ。

③ ［いけ］のコイにえさをやる。

④ いもを時間をかけて［さと］にる。

⑤ ［いちり］の道のりを歩く。

⑥ ［じしゃ］におまいりする。

⑦ ［やまでら］のおしょうさん。

「じしゃ」は、じんじゃとおてらのことだよ。

ヒント ❷ ③「池」は、水にかんけいがあるので「氵(さんずい)」がつきます。

きほんのドリル 47

かさこじぞう かるたであそぼう(4) 主語とじゅつ語

時間 15分　合かく80点　/100　答え 104ページ　月　日

書いておぼえよう！

教104ページ
麦 むぎ
長く
7画　麦麦麦麦麦麦麦
麦茶(むぎちゃ)　麦畑(むぎばたけ)　小麦(こむぎ)
麦(むぎ)

教107ページ
京 キョウ
はねる
8画　京京京京京京京京
京都(きょうと)
京(なべぶた・けいさんかんむり)

教111ページ
番 バン
はらう
12画　番番番番番番番番番番番番
当番(とうばん)　出番(でばん)　番号(ばんごう)
番(た)

教111ページ
雲 ウン くも
ながく
12画　雲雲雲雲雲雲雲雲雲雲雲雲
雲海(うんかい)　白い雲(しろいくも)
雲(あめかんむり)

1 読みがなを書きましょう。 30点(一つ5)

① 麦茶(　　)をのむ。

② 東京(　　)で生まれる。

③ きゅう食の 当番(　　)。

④ 一番(　　)早くつく。

⑤ 空のいわし 雲(　　)。

⑥ 雲海(　　)が広がる。

うらのページにつづくよ！

教科書 下104～111ページ

2 あてはまる漢字を書きましょう。

70点(一つ10)

① □□(こむぎ)からパンを作る。

② むかしの□(きょう)のみやこ。

③ ラジオのスポーツ□□(ばんぐみ)。

④ いよいよ□□(でばん)が近づく。

⑤ 夜空にオリオン□□(せいうん)が見える。

⑥ 魚のようなかたちの、白い□(くも)。

⑦ □□(あまぐも)のうごきをしらべる。

ヒント 2 ⑤⑥⑦「雲」は、天気にかんけいがあるので「雨(あめかんむり)」がつきます。

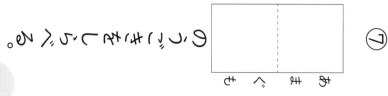

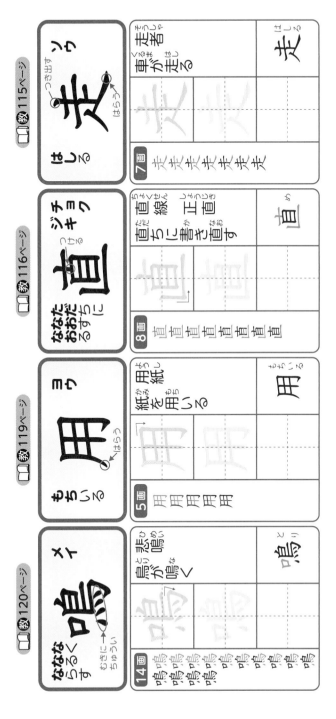

きほんのドリル 48。

こんなことができるようになったよ 音や様子をあらわす言葉

時間 15分
合かく80点
/100
サクッと こたえ あわせ
答え104ページ
月　日

書いておぼえよう！

教115ページ
走　ソウ　はしる
走者（そうしゃ）　車が走る（くるまがはしる）
7画　走走走走走走走
走（はしる）

教116ページ
直　チョク　ジキ　なおす　なおる　ただちに
直線（ちょくせん）　正直（しょうじき）　直ちに書き直す（ただちにかきなおす）
8画　直直直直直直直直
直（め）

教119ページ
用　ヨウ　もちいる
用紙（ようし）　紙を用いる（かみをもちいる）
5画　用用用用用
用（もちいる）

教120ページ
鳴　メイ　なく　なる　ならす
悲鳴（ひめい）　鳥が鳴く（とりがなく）
14画　鳴鳴鳴鳴鳴鳴鳴鳴鳴鳴鳴鳴鳴鳴
鳴（とり）

1 読みがなを書きましょう。 30点（一つ5）

① いそいで 走（　　）る。
② まちがいを 直（　　）す。
③ 正直（　　）な男。
④ げんこう 用紙（　　）。
⑤ はさみを 用（　　）いる。
⑥ 小鳥が 鳴（　　）く。

教科書 下115～120ページ
うらのページにつづくよ！

❷ あてはまる漢字（かん）を書きましょう。

70点（一つ10）

① 五十メートル［　］（そう）は、とくいだ。

② 夜が明（あ）けたら［　］（ただ）ちに出かける。

③ ［　　］（にっちょく）が朝のあいさつをする。

④ すべらないように［　　］（ようじん）して歩く。

⑤ 紙とえんぴつを［　］（も）いる。

⑥ するどい悲（ひ）［　］（めい）が聞こえる。

⑦ 遠くでお寺のかねが［　］（な）る。

ヒント ❷ ②③「直」の下の「乚」を「L」としないようにしましょう。

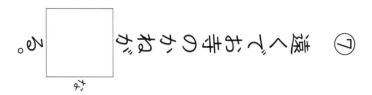

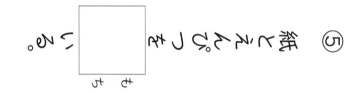

きほんのドリル 49

組み合わせてできている漢字
アレクサンダとぜんまいねずみ

時間 15分　合かく80点　/100　答え 104ページ　月　日

サクッとこたえあわせ

書いておぼえよう！

教 122ページ
明　メイ　ミョウ　あかり　あかるい　あきらか　あける・あく
はねる
8画　明明明明明明明明
明暗（めいあん）　明朝（みょうちょう）　月明かり（つきあかり）　明るい色（あかるいいろ）
明（ひへん）

教 122ページ
刀　トウ　かたな
出ない
2画　刀刀
名刀（めいとう）　刀で切る（かたなできる）
刀（かたな）

教 132ページ
午　ゴ
出ない
4画　午午午午
午前（ごぜん）　正午（しょうご）
午（じゅう）

教 142ページ
黒　コク　くろ　くろい
むきにちゅうい
11画　黒黒黒黒黒黒黒黒黒黒黒
黒板（こくばん）　白黒（しろくろ）　黒い色（くろいいろ）
黒（くろ）

1 読みがなを書きましょう。 30点（一つ5）

① 答えは　明白　だ。（　）
② 明　かりをともす。（　）
③ 本ものの　刀　。（　）
④ 午前　十時になる。（　）
⑤ 黒　のボールペン。（　）
⑥ 黒　板（ばん）に字を書く。（　）

← うらのページにつづくよ！

❷ あてはまる漢字(かんじ)を書きましょう。

70点(一つ10)

① 空が［あか］るくなる。

② ひみつを友だちに［あ］かす。

③ ［みょう］［ちょう］の天気をたしかめる。

④ ［ぼく］［とう］でけいこをする。

⑤ ［しょう］［ご］すぎに昼食をとる。

⑥ ［しろ］［くろ］をはっきりさせる。

⑦ ［くろ］いねこをかう。

「しょうご」は、お昼の十二時のことだよ。

ヒント ❷ ①②③「日」と「月」がどちらもあるから「明」るいとおぼえましょう。

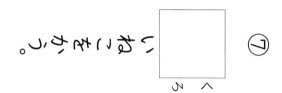

学年まつのホームテスト 50

一月から三月にならった漢字と言葉

時間 20分 合かく80点 ／100

答え 104ページ

月　日

1 漢字の読みがなを書きましょう。 20点（一つ4）

① リモコンの電池（　）を入れかえる。

② むずかしい漢字を用（　）いて書く。

③ 小学校の校歌（　）を口ずさむ。

④ 雪原（　）に風（　）がふきぬける。

2 あてはまる漢字を書きましょう。 20点（一つ4）

① ［あまぐも］が空に広がる。

② 百メートル［そう］のきょうぎ。

③ ［にちべい］のきずながふかまる。

④ ［ごご］のテレビ［ばんぐみ］が楽しみだ。

雨 電
雪 雲
「あめ」がつく漢字は、ぜんぶ天気にかんけいします。

うらのページにつづくよ！

3 あいているところに入るものを、後の［　］からえらんで、それぞれ漢字を作りましょう。 30点（一つ10）

①（日）　②（口）　③（灬）

里　鳥　月

4 つぎの漢字の書きじゅんの正しいほうに、○をつけましょう。 10点（一つ5）

① 来
　あ（　）一 二 䒑 䒑 平 来 来
　い（　）一 丆 丆 立 平 来 来

② 止
　あ（　）丨 ト 止 止
　い（　）一 ト 止 止

5 ——線の漢字を正しい漢字に直しましょう。 20点（一つ5）

① えきの売点。（てん）
② 里科室（り）
③ 力で切る。（かたな）
④ 古い時。（てら）

こたえ

●まちがっていたら、必ずもう一度やり直しましょう。

1. 漢字のふくしゅう 1～2ページ

1 ①げつ ②がっこう ③せんせい ④はち ⑤ひゃくえんだま ⑥やす ⑦でぐち ⑧いと

2 ①五 ②一本 ③力 ④入る ⑤虫 ⑥千

3 ①おう ②はなび ③もり ④みぎ ⑤おとこ(の)こ ⑥み ⑦ゆうひ ⑧おと

4 ①大きい ②車 ③雨 ④小さい ⑤女 ⑥赤い ⑦草

2. きほんのドリル 3～4ページ

1 ①か ②しょ ③にっき ④しる ⑤せいかつ ⑥きんようび

2 ①書名 ②書 ③記 ④記 ⑤活 ⑥生活 ⑦日曜日

3. きほんのドリル 5～6ページ

1 ①あさ ②ちょう ③とも ④ゆうじん ⑤とお ⑥さんしょく

2 ①早朝 ②朝 ③友 ④友 ⑤通学 ⑥通 ⑦七色

4. きほんのドリル 7～8ページ

1 ①おも ②し ③いま ④こえ ⑤せい ⑥なんにち

2 ①思 ②思 ③今月 ④今 ⑤声 ⑥音声 ⑦何

5. きほんのドリル 9～10ページ

1 ①い ②げん ③よ ④どくしょ ⑤こうえん ⑥こうせい

2 ①言 ②名言 ③読 ④読 ⑤音読 ⑥公園 ⑦園

6. きほんのドリル 11～12ページ

1 ①き ②ぶん ③はな ④つうわ ⑤はなし ⑥きしゃ

2 ①聞 ②聞 ③話 ④話 ⑤話 ⑥汽車 ⑦汽

7. きほんのドリル 13～14ページ

1 ①ほし ②もくせい ③おな ④どう ⑤まわ ⑥かい

2 ①星 ②火星 ③同 ④同 ⑤四回 ⑥回 ⑦回

8. きほんのドリル 15～16ページ

1 ①かくすう ②が ③かい ④あ ⑤せん ⑥かず

2 ①画数 ②画 ③会 ④会 ⑤白線 ⑥数学 ⑦数

9. きほんのドリル 17～18ページ

1 ①てん ②うま ③かた ④ほう ⑤こう

2 ①点数 ②馬車 ③馬 ④方 ⑤一方通 ⑥大工 ⑦工

10. きほんのドリル 19～20ページ

1 ①はね ②はる ③せいしゅん ④みち ⑤すいどう ⑥たか

2 ①羽 ②羽 ③立春 ④春 ⑤道 ⑥高学年 ⑦高

11. きほんのドリル 21～22ページ

1 ①ちか ②じ ③とち ④じぶん ⑤ごふん ⑥わ

2 ①近 ②近 ③大地 ④自 ⑤自 ⑥五分五分 ⑦分

12 きほんのドリル 23～24ページ

1 ①そと ②がいけん ③かたち ④にんぎょう ⑤きいろ ⑥おうごん

2 ①外 ②外出 ③外 ④形 ⑤形見 ⑥黄土色 ⑦黄色

13 まとめのドリル 25～26ページ

1 ①にちようび・あさ ②たか ③はる ④きいろ ⑤こうえん ⑥じぶん ⑦かいわ ⑧みち・とお

2 ①声・聞こえる ②何回 ③近い ④星空 ⑤読書 ⑥点数 ⑦同じ・地方 ⑧思った

14 きほんのドリル 27～28ページ

1 ①がいこく ②くに ③なまえ ④ぜんぽう ⑤え ⑥としょ

2 ①国 ②国 ③人前 ④前日 ⑤絵 ⑥地図 ⑦図書

15 きほんのドリル 29～30ページ

1 ①こうさく ②さ ③いっしゅうかん ④にんげん ⑤あいだ ⑥こた

2 ①作 ②週 ③間 ④三日間 ⑤間 ⑥答 ⑦答

16 きほんのドリル 31～32ページ

1 ①ひる ②ちゅう ③こんや ④よなか ⑤した ⑥あに

2 ①昼間 ②昼夜 ③夜 ④夜 ⑤親友 ⑥親 ⑦兄

17 きほんのドリル 33～34ページ

1 ①ちち ②はは ③ふぼ ④あね ⑤おとうと ⑥きょうだい

2 ①父親 ②母親 ③父母 ④母校 ⑤姉 ⑥兄弟 ⑦弟

18 きほんのドリル 35～36ページ

1 ①いもうと ②いちまんえん ③こくご ④かた ⑤さん ⑥ざん

2 ①妹 ②二万人 ③日本語 ④語 ⑤語学 ⑥算数 ⑦算

19 きほんのドリル 37～38ページ

1 ①うみ ②かいすい ③うち ④ないがい ⑤なつ ⑥か

2 ①海外 ②海 ③海 ④内 ⑤車内 ⑥夏 ⑦夏休

20 きほんのドリル 39～40ページ

1 ①かんが ②ふと ③たい ④にいさん ⑤まる

2 ①思考 ②考 ③太 ④太 ⑤丸太 ⑥丸 ⑦丸

21 きほんのドリル 41～42ページ

1 ①こころ ②ないしん ③き ④い(ゆ) ⑤おこな ⑥つうこう

2 ①中心 ②心 ③親切 ④切 ⑤二行 ⑥行 ⑦行

22 きほんのドリル 43～44ページ

1 ①じょう ②たの ③らく ④てんさい ⑤とうさん・かあさん

2 ①場 ②入場 ③音楽 ④楽 ⑤楽園 ⑥才 ⑦姉

23 きほんのドリル 45～46ページ

1 ①あ ②ごう ③とき ④げんき ⑤じょうず

2 ①合 ②合 ③時間 ④時 ⑤元日 ⑥地元 ⑦元

24 夏休みのホームテスト 47～48ページ

1 ①きょうだい ②ちちおや・かた ③なつ ④ひる

2 ①海 ②算数 ③丸太・切る ④国内

3 ①あたの いがく ②あい(ゆ) いぎょう ③あつく いさく

4 ①あ会 い合 ②あ妹 い姉

25 きほんのドリル 49～50ページ

1 ①く ②そ ③あたら ④しんねん ⑤こうし ⑥おやどり

2 ①二組 ②新 ③新人 ④牛 ⑤牛 ⑥小鳥 ⑦白鳥

26 きほんのドリル 51～52ページ

1 ①あさいち ②しない ③ゆみ ④けいと ⑤もう ⑥でんしゃ

2 ①市場 ②市町村 ③弓 ④毛 ⑤毛 ⑥電気 ⑦電車

27 きほんのドリル 53～54ページ

1 ①や ②ふる ③たいこ ④もん ⑤ひかり ⑥こうせん

2 ①弓矢 ②古 ③古 ④校門 ⑤光 ⑥日光 ⑦光

28 きほんのドリル 55～56ページ

1 ①あたま ②いっとう ③のやま ④からだ ⑤たい

2 ①頭上 ②頭 ③口頭 ④野生 ⑤野 ⑥人体 ⑦体中

29 きほんのドリル 57～58ページ

1 ①はんぶん ②なか ③なが ④そんちょう ⑤かお ⑥がん

2 ①半分 ②半 ③校長 ④長 ⑤長 ⑥顔 ⑦顔

30 きほんのドリル 59～60ページ

1 ①かみ ②し ③たにがわ ④いわ ⑤がんせき

2 ①色紙 ②紙 ③紙 ④谷 ⑤谷間 ⑥岩場 ⑦岩石

31 きほんのドリル 61～62ページ

1 ①つよ ②きょうりょく ③よわ ④こま ⑤ほそ ⑥ざいく

2 ①強 ②強 ③弱 ④強弱 ⑤細心 ⑥細 ⑦細

32 きほんのドリル 63～64ページ

1 ①せいかつか ②しつない ③り ④し ⑤ち

2 ①科目 ②室 ③理科 ④理 ⑤知人 ⑥知 ⑦大人

33 まとめのドリル 65～66ページ

1 ①りかしつ・でんき ②ゆみや ③きょうじゃく ④たいちょう ⑤ふる ⑥あたま ⑦たにま・ひかり ⑧ことり

2 ①知りたい ②細い ③新聞紙・半分 ④正門 ⑤市場・牛 ⑥顔 ⑦岩石 ⑧三組

34 きほんのドリル 67～68ページ

1 ①きた ②ほくじょう ③さかな ④うおいちば ⑤あき ⑥ふゆ

2 ①北 ②北 ③金魚 ④魚 ⑤秋分 ⑥冬 ⑦冬

35 きほんのドリル 69～70ページ

1 ①ひろ ②た ③ゆうしょく ④かえ ⑤ひがし ⑥とうほく

2 ①広大 ②広 ③朝食 ④帰国 ⑤帰 ⑥東 ⑦東

36 きほんのドリル 71～72ページ

1 ①にし ②みなみ ③とうざいなんぼく ④すこ ⑤しょうねん

2 ①西 ②北西 ③東西南北 ④南 ⑤少女 ⑥少 ⑦少

37 きほんのドリル 73～74ページ

1 ①いえ ②いっか ③つの ④ほんとう ⑤あ ⑥と

2 ①大家 ②家 ③三角 ④角 ⑤当 ⑥当分 ⑦戸外

38 きほんのドリル 75〜76ページ

1 ①くび ②じしゅ ③ちゃ ④ひ ⑤いん ⑥まいにち

2 ①首 ②一首 ③茶色 ④引 ⑤引力 ⑥引 ⑦毎朝

39 きほんのドリル 77〜78ページ

1 ①とお ②うし ③ぜんご ④きょうしつ ⑤おし ⑥しんこう

2 ①遠足 ②後半 ③後 ④後 ⑤教 ⑥交 ⑦交

40 きほんのドリル 79〜80ページ

1 ①おお ②たすう ③は ④せいてん ⑤かいしゃ ⑥やしろ

2 ①多少 ②多 ③晴 ④晴天 ⑤晴 ⑥社 ⑦社会

41 きほんのドリル 81〜82ページ

1 ①ある ②ほこう ③う ④ばい ⑤けいさん ⑥はか

2 ①歩道 ②歩 ③歩 ④売 ⑤売 ⑥合計 ⑦計

42 きほんのドリル 83〜84ページ

1 ①ぎゅうにく ②ふね ③ふな ④せん ⑤だいし ⑥たい

2 ①肉 ②肉食 ③船長 ④船出 ⑤船 ⑥台 ⑦台

43 冬休みのホームテスト 85〜86ページ

☆1 ①せいてん ②しょくご・ちゃ ③おそ ④こうつう

☆2 ①遠く ②家・帰る ③少ない ④当分

☆3 ①秋・冬 ②西・北(北・西)

☆4 ①あ ②い ③い

44 きほんのドリル 87〜88ページ

1 ①か ②みせ ③のはら ④そうげん ⑤く ⑥らいげつ

2 ①売買 ②店頭 ③店先 ④原 ⑤草原 ⑥家来 ⑦来

45 きほんのドリル 89〜90ページ

1 ①かぜ ②たいふう ③ゆき ④せつげん ⑤こめ ⑥うた

2 ①風 ②強風 ③新雪 ④白米 ⑤米作 ⑥歌声 ⑦歌手

46 きほんのドリル 91〜92ページ

1 ①と ②いけ ③でんち ④さとやま ⑤ごり ⑥てら

2 ①中止 ②止 ③池 ④里 ⑤一里 ⑥寺社 ⑦山寺

47 きほんのドリル 93〜94ページ

1 ①むぎちゃ ②とうきょう ③とうばん ④いちばん ⑤ぐも ⑥うんかい

2 ①小麦 ②京 ③番組 ④出番 ⑤星雲 ⑥雲 ⑦雨雲

48 きほんのドリル 95〜96ページ

1 ①はし ②なお ③しょうじき ④ようし ⑤もち ⑥な

2 ①走 ②直 ③日直 ④用心 ⑤用 ⑥鳴 ⑦鳴

49 きほんのドリル 97〜98ページ

1 ①めいはく ②あ ③かたな ④ごぜん ⑤くろ ⑥こく

2 ①明 ②明 ③明朝 ④木刀 ⑤正午 ⑥白黒 ⑦黒

50 学年まつのホームテスト 99〜100ページ

☆1 ①でんち ②もち ③こうか ④せつげん・かぜ

☆2 ①雨雲 ②走 ③日米 ④午後・番組

☆3 ①明 ②鳴 ③黒

☆4 ①い ②あ

☆5 ①店 ②理 ③刀 ④寺